|第一辑|

长城
故国与家园

魏敏　刘晓涛 | 著

图书在版编目（CIP）数据

长城，故国与家园 / 刘晓涛，魏敏著. —— 北京：五洲传播出版社，2021.1

（中国人文标识）

ISBN 978-7-5085-4527-1

Ⅰ．①长… Ⅱ．①刘… ②魏… Ⅲ．①长城－历史－通俗读物 Ⅳ．①K928.77-49

中国版本图书馆CIP数据核字(2020)第240883号

作　　者：魏　敏　刘晓涛
图　　片：魏　敏　刘晓涛　图虫创意/Adobe stock
封面图片：李少白
地图制作：魏　敏　刘凤玖
出 版 人：荆孝敏
责任编辑：梁　媛
装帧设计：青芒时代

长城，故国与家园

出版发行：五洲传播出版社
地　　址：北京市海淀区北三环中路 31 号生产力大楼 B 座 6 层
邮　　编：100088
电　　话：010-82005927，82007837
网　　址：www.cicc.org.cn，www.thatsbook.com
印　　刷：北京顶佳世纪印刷有限公司
版　　次：2021 年 1 月第 1 版第 1 次印刷
开　　本：710mm×1000mm　　1/16
印　　张：14.5
字　　数：200千字
定　　价：68.00元

序

　　长城，中国古代第一军事工程，世界中古七大奇迹之一，我国第一批全国重点文物保护单位之一，也是我国第一批被列入世界遗产名录的文化遗产。作为中华民族的象征和民族精神的体现，长城的前后修筑时间长达两千多年，历代长城总长度达两万多公里，具有其他世界文化遗产所难以比拟的时空维度。

　　早在春秋战国时期（约公元前6～7世纪），互相交战的诸侯国之间便开始建造早期的长城，防备彼此。战国后期（约公元前3世纪），秦、赵、燕等国家又在北方边境的燕山、阴山一线建造了长城，以阻止北方游牧民族的骑兵南下。公元前221年，秦始皇统一中国后，首次将北方边境的长城连接起来，形成了一条全国性的防御工事。这条长城从鸭绿江畔一直延伸到甘肃东部，总长度超过5000公里，"万里长城"初步形成。

　　秦灭亡后，北方的匈奴、鲜卑等游牧部落走马灯般称霸草原，并向内地侵略。为了防备他们，中原的历朝历代都对长城或多或少地进行了修建。明朝（1368～1644年）代元，为了防止北元残余势力死灰复燃，在前朝基础上修筑了从辽东虎山到甘肃嘉峪关，全长8000多公里的明长城，这条长城在明朝灭亡后逐渐废弃，此后的清朝（1644～1911年）只是对少部分进行维护利用，故今日我们所见的长城，大都是明长城的遗存。

两千多年来，长城分布几乎横贯了从东北的黑龙江到西北新疆的所有北方省份。中国国家文物局于2012年宣布，历经近5年的调查和认定，确定中国历代长城总长度为21196.18公里。

本书以历代长城发展脉络为线索，以明代长城为主要代表，介绍其独特的"九边重镇"军事体系、集大成的建筑结构、扣人心弦的历史事件，对长城用途的演变、周边风土人情和现今遗存进行讲述，力图用有限篇幅展示这一伟大画卷。

明代是长城建造集大成的时代，融汇了前代的智慧结晶。此时的长城不只是一道墙，而是一道以城堡、城墙、山险、河流、敌楼、烽燧、驿站等设施有机结合起来的防御体系，虽称之为城、墙，实际却是一张有着战略纵深、互相依托的防御网。因地制宜，将人类工事与自然地貌巧妙结合，打造成为易守难攻的金汤防线；布下了完善的中央—地方—边堡军事管理体系和敌情传递系统；设置屯垦营地开发农牧业，推出有效的财赋政策和物资转运方法，以支撑长城戍守。

在明长城的营建中，工匠们因地制宜、推陈出新，不断提高长城的建筑质量，完善守备结构。从明代早期在北齐长城基础上建造的简劣块石、夯土甚至木栅墙体，逐渐发展为条石、青砖包裹的永久性工事，并辅之以敌台、马面、女墙、射孔等结构。

在战争与和平的抉择中，长城两侧剑拔弩张的两方也曾偃旗息鼓握手言和，开展了边境贸易——马市，用塞北的牲畜、皮毛和内地盛产的铁器、茶叶等进行交换，佛教、道教、喇嘛教等各种宗教信仰和民俗活动也广为传播，两侧的人民逐渐融合成了一家人。

长城承载着中华民族宝贵的历史记忆和民族精神，但随着岁月流淌，它逐渐走向衰败。时至今日，很多长城段落破坏殆尽空余地名，以至于人们甚至只知道八达岭、山海关和嘉峪关等景区。

长城是那么的壮美，希望本书能够给读者们带来不一样的长城体验，那里有烟雨画桥，也有大漠黄沙；有长河落日，也有流水人家；有敌楼兀立，也有断壁昏鸦……希望大家能够通过这些文字、图片、感悟来了解长城、欣赏长城、保护长城，将祖先留给我们的这一伟大遗产完好地传递给后代子孙，传播给世界各地的朋友们。

目 录

▶ 序　　　　　　　　　　　　　　　　　　　　003

▶ 第一章　明以前长城发展脉络　　　　　　　　001
　　PART 01 · 从原始城郭到战国长城　　　　　002
　　PART 02 · 秦时明月汉时关　　　　　　　　010
　　PART 03 · 魏晋至宋时期的长城　　　　　　018

▶ 第二章　集大成的明长城　　　　　　　　　　027
　　PART 01 · 明长城修建史　　　　　　　　　028
　　PART 02 · 九边镇守制度　　　　　　　　　036
　　PART 03 · 明长城防御体系的运作模式　　　060
　　PART 04 · 明长城的建筑结构　　　　　　　070
　　PART 05 · 明朝戍边守长城的人和事　　　　076

▶ 第三章　昔日雄关今何在　　　　　　　　　　085
　　PART 01 · 京畿锁钥，举国之力打造的金汤防线　086

PART 02 · 南山边垣，守护皇陵的豆腐渣长城　　101

PART 03 · 蜿蜒入海，戚继光打造燕山长城　　109

PART 04 · 中原屏障，隐秘的太行山长城　　120

PART 05 · 京西门户，张家口地区的长城　　132

PART 06 · 晋北长城，战争与和平的见证　　141

PART 07 · 河西走廊，最西段的明长城　　155

PART 08 · 河套防线，攻守两难的抉择　　170

PART 09 · 辽东长城，重新定义明长城东端点　　181

第四章　走入近代的长城　　189

PART 01 · 长城身份的转变：从关塞到贸易通道　　190

PART 02 · 八台子长城，近代中西方文明的交汇　　195

PART 03 · 长城抗战，烽烟再起　　200

PART 04 · 保护长城，任重而道远　　209

附　录　中国长城之最　　216

第一章

明以前长城发展脉络

　　长城是中华民族古老智慧的结晶,是中华民族历史的见证者。它是世界上修建时间最长、工程量最大的一项古代防御工程,自公元前7世纪出现明确记载的"长城"两字开始,延续不断修筑了2000多年。秦始皇统一中国后,首次将此前散布各地的长城连接为一道全国性的防御体系,此后几乎每个朝代都或多或少地修筑长城,修筑总长度达2万多公里,如巨龙盘桓在世界的东方。

PART 01
从原始城郭到战国长城

有人说，长城的修筑史可以追溯到西周时期（前 1046～前 771 年），中国历史上著名的"烽火戏诸侯"就发生在长城。也有人说，修筑长城的历史应该是公元前 7 世纪前后的春秋时期（前 770～前 477 年），当时的楚国最早修筑了防御别国入侵的楚方城，这是中国历史上长城修建的帷幕。还有人说，长城修筑的第一个高潮是战国时期（前 476～前 221 年），当时列国争霸，互相防守，长城是为了保护家国。

这些观点之争为长城研究碰撞出绚丽的火花。但在长城这条巨龙出现之前二千多年的原始社会末期，保护着一个村落、一个要塞，乃至一座城市的城墙便早已有之。从石器时代的原始城墙，到春秋时期出现的长城雏形，再到战国末期长城的遍地开花，经历了怎样的一个演变过程呢？

城墙，长城的最初雏形

在距今五六千年前的新石器时代晚期，随着农业技术的发展，人类的

✕ 石峁遗址中现存最大建筑遗址——皇城台，陕西神木高家堡镇石峁村

生活方式从不断迁徙开始转变为定居模式，原始的城市便应运而生。但是，为了争夺有限的自然、甚或是人口资源，各个城市开始爆发冲突，为了防备对手的攻击，人类将防备野兽建造的木栅栏升级成为最初的城墙。

在南方，浙江省杭州市的良渚遗址是距今5000多年的城市遗址。而在北方，陕西神木石峁村的石峁遗址是距今4000年左右的城市遗址。两处遗址都规模广阔，考古发掘出了居所、祭坛、墓葬等功能建筑。环绕遗址还建有原始的城墙围护。不同的是，石峁为石块搭建，良渚则是夯土垒砌，这种区域特色在我国并不罕见，是祖先因地制宜改造自然的智慧结晶。

无独有偶，同时代的西方两河流域也兴建起了大型城市。苏美尔人建立的乌鲁克城是人类历史上最早的城市。其城市化发生于公元前4000年～公元前3200年，在约公元前2900年前后达到极盛，约有4万～5万人生活在城中，被称为"万城之王"。城中神庙和宫殿交相辉映，一道砖石建造的高耸城墙牢牢守护着这座城市。大约公元前 2000 年，乌鲁克在与埃及的争霸中失利，走向衰落。公元 3 世纪波斯萨珊王朝时，乌鲁克城被毁，从此逐渐淹没于黄沙下，直至 1849 年被威廉·罗夫托斯发现。

周代的城市建设，让城墙越来越重要

经过夏商两代奴隶制王朝的发展，到了周朝（前 1046～前 256 年），华夏先民的活动范围进一步扩大，以周王室为共主的"八百诸侯"（实际有封号的 100 个左右）占据了北起燕山，南到湖南、湖北，西起陇西甘肃省，东至海滨的中原大地。此时的诸侯国还只是些城邦国家，大者不过拥有数个城池，小的甚至只有一个都城，并按照周朝礼法，对不同等级的诸侯国城市规模做了严格限制，均不得超过周王城城边长 4 公里的规模。（《周礼注疏》："或云周亦九里之城，则公七里，侯伯五里。"）

经过西周一段相当长时间的和平发展后，各诸侯国人口大量繁衍，城市容纳的居民越来越多，需求的资源也水涨船高。公元前 771 年，西周被犬戎灭亡，东周迁都洛邑（今河南省洛阳市）后周王室权威骤然衰落，给了不安分的诸侯国扩张城市并侵略周边国家的胆量。率先挑战王权的便是南方的"蛮夷"楚国。国君熊通屡次征伐周边周王室同宗的诸侯国，且不满足"子爵"的爵位，于公元前 704 年僭号称王，与周天子分庭抗礼。有了楚国带头，其他国家也纷纷占王室的便宜，不是抢夺王室的粮食，便是不按期进京朝贡，郑庄公在与前来问罪的周军交战时甚至一箭将亲征的周天子射下马来……看到王室如此软弱，各诸侯国明白乱世即将到来，他们的城市纷纷逾越王室制定的建筑规定，城墙抵御外敌的作用逐渐变得非常重要。城墙是否规模宏大和坚固代表了一座城市的综合实力，成为一座城市的象征，楚国的郢都、齐国的临淄、吴国的姑苏都是一时翘楚。

春秋战国，长城诞生

历史的车轮转动到战国时代，在经过一系列的兼并后，原先的"八百诸侯"消亡殆尽，中原地区整合为齐、楚、燕、韩、赵、魏、秦跨地数百里的强大诸侯国，互相之间进行着旷日持久的战争。这是一个充满诡计与背叛的年代，朝秦暮楚是这个世界真实的写照，昨天亲密的盟友今天便可能从背后猛扎一刀。

为了防止随时可能发生的背叛与突袭，率先兴起的齐国和楚国从春秋中晚期开始在边境建造连续的军事堡垒，而后更将堡垒用墙连接起来，力求拒敌于国门之外。于是一个不仅仅守护某个城市，而是防卫一个广大区域甚至整个国家的防御体系——长城的雏形就此诞生了。

从这时起，长城和城市便走上了不同的发展道路，它们的功能各有千秋，建筑结构互相借鉴，你中有我我中有你，相伴相行两千年，是中国独一无二的奇观。目前可查证最早修筑的"长城"有北方的齐国和南方的楚国两种说法。

齐长城建造的年代大约在公元前六七世纪，建造时因地制宜，石墙、土墙、山险等都有涉及，今在山东省中南部的山区尚有石墙遗址留存，临

✕ 战国时期的长城分布示意图

沂市沂水县境内的穆陵关宏大的遗址令游客赞叹不已。楚长城位于河南湖北交界处,多以石头垒砌,历史上被称作"楚方城",最早见于《左传》的记载。

长城的军事作用一定相当明显,引得其他国家纷纷效仿建造,魏国在黄河一线建造的魏长城,河北中部的燕长城、赵长城、中山长城至今还都有遗迹可寻。

战国时期，长城建造的第一个高潮

春秋战国时期，随着新城市的兴建，中原大地得到进一步开垦，稻、黍、稷、麦、豆等农作物被广泛种植和食用。与此同时，北方辽阔的草原上却是另一番光景。这里地处蒙古高原，天气较中原一带寒冷很多，降水量也偏低，地形地貌以半干旱草原为主，并没有多少适合需水量大的农耕作业地区。自古以来，草原上的游牧民养马放羊"逐水草而居"，以游牧为生。战国时大草原上分布着匈奴、东胡、林胡、丁零、浑庾等大大小小数十个民族。这些马背上的民族善于骑马射箭、长途奔袭，个个都是技艺精湛的骑手和战士。

战国时中原混战不已，给了北方匈奴等游牧部落趁火打劫的好时机。草原骑士们时不时南下烧杀一番，掳掠百姓而去，对农耕区有着巨大的破坏性。遭受几次大规模侵略后，首当其冲的赵国痛定思痛施行"胡服骑射"的政策，后一举击退了北面林胡、娄烦等游牧部落的进攻，将黄河河套一带土地纳入版图，并于阴山一带建造了阻止游民民族南下的赵长城。至今，阴山山脚下还留有当年戍守边疆的高阙塞和残存的部分长城遗址。

胡服骑射

自商朝以来，中原地区的战争以车战和步战为主，并没有骑兵这个独立兵种。与北方游牧民族接壤的赵国在遭受几次骑兵骚扰后，国君赵武灵王很快发现了骑兵行动迅捷、远程射箭的优点。为了打造一支强大的骑兵，他顶着重重阻力推行了一项军事改革，改军士们的深衣大褂为游牧民族短衣窄袖的装束，舍弃战车而学习骑马射箭，建立了中原国家最早的独立骑兵部队。此后赵武灵王亲自率领骑兵打败临近的中山国，征服了东胡、娄烦等游牧部落，将版图推进到了阴山一带，一时称霸中原。当时中原国家将北方民族统称为"胡人"，赵武灵王的这次军事改革也被称为"胡服骑射"。

✕ 赵长城遗址——高阙塞，内蒙古乌拉特后旗

　　燕国、秦国等北方诸侯也建造了防范东胡、娄烦、义渠以及初露獠牙的匈奴等游牧部落的长城。燕国大将秦开率军击败东胡，将国境线向北推进数百里，并修建了自造阳（今河北赤城独石口以北）至襄平（今辽宁辽阳一带）的千里长城。秦国用来防范西戎的长城据说所用土石皆为紫色，给人留下深刻印象，后人便用"紫塞"来指代北方边塞。（晋·崔豹《古今注·都邑》："秦筑长城，土色皆紫，汉塞亦然，故称紫塞焉。"）

　　有了坚固绵长的长城守卫北方边境，草原上的小部落再也不能随意南下偷掠了，他们尝试沿着长城四处寻找方位薄弱的地方，却总是被守军揍得狼狈逃窜。南下受阻，这些游牧部落们为了抢夺宝贵的生存资源开始互相攻打。经过一系列的战争，匈奴人于战国末年异军突起，在冒顿单于率领下先后击败了东面的东胡人和西面的月氏人，最终统合了所有草原部落，开启了与中原王朝展开了长达数百年的较量。

战国是我国长城建造的第一个高潮期,构造各异的长城遍布中原各地,各国都希望这条防线能够保自己江山永固,但很快,大秦帝国的铁蹄将逐一踏破这些"铜墙铁壁",将万里江山尽收囊中。

PART 02
秦时明月汉时关

公元前221年,秦始皇统一中国,内部的纷争表面上得到化解,北方的匈奴便成了唯一的敌人,"亡秦者胡"的谶语(《史记》:"燕人卢生使入海还,以鬼神事,因奏录图书'曰,亡秦者胡也。'")使秦始皇将他们看作是心腹大患。秦朝廷命名将蒙恬率领30万大军北上出击,收复了战国末期丢失的河套一带,匈奴远遁七百余里,不敢南下而牧马。

匈奴吃了败仗,损失很大,但他们是居无定所、逐水草而居的游牧部落,打得赢就打,打不赢就跑,等到十几年后人口恢复,便又来南下侵扰。秦朝廷最终采用了修筑长城的方法来抵御匈奴人的进攻。好在之前的秦赵燕三国已经修筑了大体横亘于华北北部的断续长城,秦始皇在他们的基础上加以连接,最终形成了东起辽东,西到陇西临洮的万里长城。

秦因修建长城而亡?

秦朝(前221~前206年)是中国历史上第一个大一统王朝。但新生的秦朝急功近利,不顾统一战争中出现的大量人口损失,迫不及待地动员全国青壮年北上,修筑横亘整个北方边境的长城防线,这又以被征服的原六国民众为主。刚刚经历亡国之痛的百万民伕还未来得及休养生息,便被粗暴征用了大量的粮食和钱财,被奴役去修筑秦直道、灵渠、长城以及阿房宫等宏大工程,沉重的赋税、动荡的社会再加上苛刻的秦律法让百姓叫苦不迭。

与此前各诸侯国修筑各自境内的长城不同,这次动员是我国历史上第一次调动全国力量,造成大量青壮人口跨区域流动,如此大规模的人口流动极其容易失控。陈胜、吴广原本作为军队最底层的小队长,带领乡亲一同前往今天北京一带戍守长城,行军途中受尽了军尉的苛责虐待。雪上加霜的是,他们因遇大雨,耽搁了行程,无法在指定时间内到达,按照秦律当斩。走投无路的戍卒愤而杀死上级,在大泽乡揭竿而起,拉开了秦末农民大起义的序幕。最终,在燎原的起义中秦二世自杀,中国历史上的第一个统一王朝随之终结,"修长城亡国"的罪名也因此扣在了秦始皇头上。

孟姜女哭倒的长城是豆腐渣工程?

"孟姜女哭长城"的传说妇孺皆知:孟姜女的丈夫被秦始皇征发去修长城,最后因饥寒劳累而死,尸骨被埋在长城脚下。孟姜女久不得丈夫音信,只得历尽千辛万苦来到长城边寻夫,得到的却是丈夫的噩耗。孟姜女在长城上哭了三天三夜,竟然哭倒了长城。《孟姜女哭长城》被誉为中国民间爱情传说之一,但这个故事的起源却非我们所熟知的。

✕ 秦长城，内蒙古固阳县阴山之上

　　《左传》记载，春秋齐国将领杞梁的妻子，面对战死丈夫的灵柩扶柩而哭。这故事女主人公并不叫"孟姜女"，更与长城没有半点关系，唯一的联系可能就是见到丈夫尸体后大哭不已。而到了西汉，刘向所著的《列女传》中，便被添油加醋写道"乃就其夫之尸于城下而哭之……十日，而城为之崩"，这使得她的哭声具有了破坏城墙的威力。到了唐宋时期，这个故事背景从春秋的齐国变成了统一时代的秦朝，内容演化成杞梁是一个被征发修长城的民工，累死在工地后尸体被埋入墙体，妻子在长城边发现他的尸体后大哭，并最终哭倒了城墙。明朝时戏剧、小说繁荣一时，杞梁妻的故事自然是现成的创作题材，内容也得到大幅扩充，出现了"孟姜女""范喜良"的名字，故事也发展为葫芦降生、拜堂成亲、修城身死、哭倒长城几个部分。

　　民间故事取材于传说，也反映了当时的民意，听来很有意思，但秦长城当然不会被一女子哭倒。据考古发现，秦长城的建筑工艺相当高超，后世的汉、晋等朝继续沿用，直到16世纪修建的明长城还有部分是在秦长城的基础修建的。至今，甘肃固原和内蒙古固阳还能见到夯土和石垒的秦长城遗址。

汉与匈奴的恩怨情仇

秦朝灭亡后，经历了5年之久的楚汉争霸，中原才又一次为汉朝（前206～220年）所统一，然而这场旷日持久的争霸对于匈奴集团来说是一个天赐良机，他们急不可耐地重返河套，将触角延伸到山西太原、陕西延安一带，甚至扬言要攻击新王朝的心脏——长安。

公元前200年，汉高祖刘邦率30万大军御驾亲征，在山西中南部接连打了几个胜仗之后，轻敌的思想逐渐占了上风。匈奴冒顿单于在交战几次后，发现汉军几乎全是步兵，便想出一条诡计，一路示弱后撤引诱汉军追击，却在今大同市附近设下埋伏。汉高祖果然中了匈奴诱敌的诡计，率领先头部队孤军深入，结果被匈奴骑兵所包围，只得困守在大同东北的白登山上。

据《史记·匈奴列传》记载，匈奴的骑兵，"其西方尽白，东方尽駹，北方尽骊，南方尽騂马"，足见其兵强马壮。双方交战七天七夜未分胜负，当时天降大雪，汉军手指冻掉的人十之二三，战斗力急剧下降。汉高祖采纳陈平之计，派人送给随军的匈奴阏氏许多礼物，阏氏劝冒顿单于不要坏了汉匈两家和气，冒顿也担心汉军的援军赶来，便将包围圈放开了一个口子。

当天大雾，汉军总算从缺口脱身。从此汉朝再也不敢向匈奴发动战略进攻，只能接受屈辱的和亲政策来贿赂匈奴单于，即使这样，匈奴人也时常背信弃义南下侵略。

马踏匈奴的卫青与霍去病

　　这种以战略防御为主的局面到了雄才大略的汉武帝时期终于得到了反转。汉朝初年疲敝的经济在经历文景两朝休养生息后一片繁荣，从官方到民间都颇有积蓄，国营仓廪堆积粮食，甚至出现食用不完而腐烂的情况，成为心怀大略的武帝施展抱负的坚实后盾。汉武帝任用的两名平民将星——大将军卫青和冠军侯霍去病，多次出塞打击匈奴，将匈奴一直驱赶到数千里之外的大漠中。

　　卫青于元光五年（前130年）首次带兵出塞便直捣匈奴祭天圣地龙城，取得了汉朝对匈奴的第一场进攻性胜利；之后的元朔二年（前127年）又一举收复河套，并重新修葺了蒙恬所筑的长城和要塞，又设置了朔方、五原两个郡；在元狩四年（前119年）的漠北大战中与伊稚斜单于进行决战，摧毁匈奴主力，彻底解除了后者对中原的威胁。

　　霍去病的战绩同样光辉夺目，在他短暂的23岁生命中六次出击匈奴，攻取祁连山的河西走廊设置四郡，匈奴人在失掉祁连山一带后哀声痛哭道："亡我祁连山，使我六畜不蕃息；失我焉支山，使我妇女无颜色"；在漠北大战中转战万里，封狼居胥、禅姑衍山，成为千古传奇！为了铭记卫青、霍去病二人扭转乾坤的功劳，汉武帝特地为二人建造了紧挨自己庞大皇陵

✕ 昭君墓,内蒙古呼和浩特市南郊的大黑河南岸

"茂陵"的陪葬墓,希望二人死后仍旧能继续在阴间辅佐自己。两个墓均修建了高大如山的封土堆,其中卫青墓远看为阴山的形状,霍去病墓则是祁连山的形状,二人墓前都有很多石刻雕像,最著名的当属"马踏匈奴像"。

此后,汉匈之间仍有战争,但多为汉朝一边倒的胜利。在汉朝的持续打击下,匈奴分裂为南北两部,南匈奴呼韩邪单于入朝归顺,汉元帝将宫女王昭君赐予他为妻,而北匈奴郅支单于一直不肯降服,多次击杀汉朝使臣。

强大的汉朝长城

汉元帝建昭三年(前36年)西域校尉甘延寿和副校尉陈汤假传圣旨,

✕ 鸡鹿塞，内蒙古巴彦淖尔市磴口县

集合汉军和西域各属国兵力四万余人，奔袭三千里击杀郅支单于，沉重打击了北匈奴势力。在他们写给朝廷一份奏章里有一句流传甚广的名言："明犯强汉者，虽远必诛！"

郅支单于的首级被悬挂在长安城各国使臣居住的藁街十天之久，各国从此对强大的汉朝言听计从，汉朝西北边疆得到稳定。东汉时期大将窦宪再次大破北匈奴，将他们彻底逐出草原，并在蒙古国燕然山的一块石头上刻下此次远征的纪功文章，这块文字碑数年前被考古发现。"勒石燕然"遂成为后世渴望沙场建功立业的代名词。

强大的汉朝早已不满足修复战国和秦朝在山峦险隘处建造的防御性长城，汉军远度阴山，在茫茫草原上直接建造长城，保护投降汉朝的匈奴属国（汉朝将投降的匈奴部落安置在北方国境处，称为属国）和政权分裂后归降的南匈奴单于，并作为进攻北匈奴的前进基地。这道汉北长城修建在

✕ 汉代烽燧，甘肃敦煌瓜州县

现中蒙交界的草原上，向西经过额济纳等地，一直到了新疆境内。建造时就地取材用了夯土和碎石，其残迹今已退化为一道低矮的土陇，只有一些石头修筑的部分还较为明显。内外两道长城主线均已模糊难辨，唯有部分驻军的戍堡还有多处留存，以阴山一带为多，鸡鹿塞、光禄塞、眩雷塞的遗址得到了较好保护。

长城的修建几乎贯穿了秦汉两个王朝，东起朝鲜西到新疆罗布泊的长城，给北方边疆带来了近四百年的相对安定，是我国长城建造史上的又一个高峰期。相距不到百年的时间里，两个朝代、两次举全国之力建造长城，结果却大相径庭，其中的时代、政策差异值得深思。

PART 03
魏晋至宋时期的长城

"国恒以弱灭,而汉独以强亡。"终汉一朝,始终对周边各个"蛮夷"部族保持着强大的控制力,周边民族甚至主动要求并入汉朝,能够在长城边设置定居点对他们来说是一种巨大的荣耀和利益。可惜,强大统一的汉帝国终究瓦解于内部。朝堂上外戚和宦官交替干政,官场上卖官鬻爵盛行,地方上土地兼并激烈,升斗小民被贪官污吏和地方豪强层层盘剥压迫,帝国在黄巾起义的冲击下土崩瓦解。汉以后,在长达1000多年的时间里,因为各种原因,长城战略功能减弱,长城的建造虽未停歇,却也不似汉那么浩大,转而进入一个平缓期。

北朝长城,你方唱罢我登场

汉末的群雄逐鹿及三国(220~280年)鼎立时期,中原战乱长达百年。曹魏王朝(220~265年)凭借强大的武力维持了对少数民族的军事优势,多次出塞击败匈奴、乌桓等部落,不需要修建长城来保护北方边境。

然而由于连年混战，三国后期中原人口从鼎盛时期的五千万断崖式下跌到八百余万。西晋（265～316年）在统一中国后，面对凋敝的民生状况，只能招揽周边的少数民族来充实人口，山西、陕西、陇西的长城两侧成了少数民族的主要定居区。在和内地的接触中，曾因仰慕汉朝的强盛而臣服的各个民族逐渐窥到了西晋外强中干的本质，一场席卷北方的暴风雨即将袭来。

西晋开国皇帝晋武帝司马炎驾崩后不久，291年，晋王室为争夺皇权，上演了同室操戈的"八王之乱"，这给了匈奴人刘渊可乘之机。他自称继承了汉朝的衣钵，率先于山西中部发难，之后鲜卑、羯、氐、羌等民族也纷纷起兵，整个北方顿时成了游牧部落的跑马场，东晋（317～420年）王室仓皇逃窜到江南偏安，史称"五胡乱华"。

此时，长城失去了作用，昔日臣服的游牧部落们"分食"了大半个帝国，堂而皇之地称孤道寡，并裁调长城守军，招揽草原同族进入中原。这些草原部落南下后，马上便有其他部族填补空缺，成为新生的劫掠者。鲜卑人取代了匈奴人称霸草原，借着西晋内乱之机举族越过长城统一北方，建立了北魏（386～534年），他们留下的草原转眼便被柔然族占据。

为了防止羽翼渐丰的柔然人南下骚扰，北魏朝廷不得不在阴山南麓重拾修长城的老套路，并在沿线设置沃野、怀朔、武川、抚冥、柔玄和怀荒六个军镇来防备新的敌人。昔日长城的破坏者今天却成为了新的建造者和守卫者，历史的轮回总是让人哑然失笑。

534年，北魏分裂为东魏和西魏，数年后分别被北齐和北周所取代。与此同时，草原上也进行了新老交替，阿尔泰山附近曾经给柔然打铁的"锻奴"——突厥部落异军突起，灭亡故主称霸草原，并与南方国力偏弱的北周交好，共同对北齐展开了攻势。北齐原本继承了北魏大部分遗产，是南北朝时期最强大的国家，却因为君臣上下傲慢自满，进攻北周时多次出现战术失误，导致军力大损，只得采取防守。面对来自西、北两个方向咄咄逼人的北周和突厥，修建长城再次成为防御外侵的不二选择。

据史料记载，北齐自文宣帝高洋在位期间（550～559年）开始便修建长城抵御突厥，此后每隔几年便会增建或重修不同地域的长城。555年的大规模筑城行动更是发动了民伕180万，自幽州附近的北夏口（今为北京昌平居庸关，一说为延庆海字口），西至恒州（今山西大同），共修建九百余里。次年，又将长城向东延伸到渤海湾（今河北山海关一带），这也是长城第一次延伸到海。

557年，北齐又于长城内侧修筑长达四百余里的第二道防线，被称为内长城。这段内长城自今山西省偏关以东老营附近起，东经雁门关、平型关，到达太行山附近。由于失去了对阴山一带的有效控制，北齐所筑长城较汉

✕ 北齐长城遗址，北京密云区古北口

朝和北魏的阴山长城大幅后退100余公里，位于今山西内蒙古交界及河北省北部一带。

内外两道长城的很多段落在明朝时被重新加固并沿用，明长城的雏形便脱胎于此。现北齐长城仍有部分遗迹可寻，北京密云古北口、门头沟了思台一带还保有石垒长城残迹，河北东部、山西广灵等地也发现有部分遗址。

唐朝时建造于东北地区的"千里长城"

隋朝（581～618年）在结束南北朝的分裂，实现中国的统一后，对北方草原的少数民族部落采取分化和打击并用的政策，很快突厥便分裂为东西两部，混战不已，无暇南顾，故而隋朝统治者只在北魏、北齐长城基础上进行了简单维修。隋炀帝（569～581年）继位后，亲征吐谷浑，开疆拓土；兴办教育，开科取士……为后来的李唐王朝（618～907年）打下了盛世的基础。

其中有两件大事可谓是举全国之力，其一是开掘了今日的世界文化遗产京杭大运河，其二则是通过大运河将江南一带的财富和青壮劳力运送到幽州，用来征讨盘踞在东北一带的高句丽政权。不幸的是，三次讨伐皆以灾难性失败告终，致使隋军士气低落满腹怨恨，并伙同被征民伕，劫掠了散布在运河沿线的军械、基地，占山为王，开启了隋末乱世。

唐朝收拾破碎河山重新统一后，逐一削平了周边的东突厥、吐谷浑、高昌等国，对于"眼中钉"高句丽的征讨只是个时间问题。高句丽的荣留王高建武显然也认识到了这一点。他于唐贞观五年（631年）起征召民众，

✕ 丸都山城及贵族墓,吉林省集安市

历时十六年修建了从东北的扶余城（辽宁吉林交界一带）到西南渤海湾的"千里长城"，意图将唐朝军队抵挡在国境之外。《旧唐书·高丽传》就记载："建武惧伐其国，乃筑长城，东北自扶余城，西南至海，千有余里。"

随着岁月变迁，这条"千里长城"也渐渐淡出历史，淹没在东北茂密的山林里难觅其踪，时至今日，只剩下疑似墙体的部分土堆段落和山间零星的碎石陇。只能从今日辽宁、吉林一带的五女山城、丸都山城残存的石砌城墙遗迹，来推测"千里长城"当时的模样。

宋朝时期，修长城的却是金国

唐朝前中期国力强盛，征服盘踞在北方草原上的突厥东西两部后设置了安北都护府，将广阔的蒙古高原纳入统治范围，不需要修长城来防备高原上的游牧民族，只是在河北北部对前朝长城的部分段落进行了维修。此后的宋朝（960～1279年），太祖赵匡胤为削弱武将权力而发动"杯酒释兵权"，却导致宋朝军队的实力江河日下，面对北方的辽（907～1125年）、金（1115～1234年）两国，战斗力堪忧。按说本应大规模修建长城以自保，出人意料的是，宋长城今日仅仅在山西岢岚县有短短一段留存，反而是位于宋朝北方，觊觎大宋江山的金国，修建了历史上总长度居第三位的长城——金界壕。

女真人建立的金国崛起于东北白山黑水之间，他们凭借强悍的骑兵力量迅速灭亡了腐朽不堪的辽国。

北宋宣和七年（金天会三年，1125年），金军分东、西两路南下攻打宋朝。其中一路破燕京，渡过黄河，南下汴京（今河南开封）。宋徽宗见势危，乃禅位于太子赵桓，是为宋钦宗。靖康元年（金天会四年，1126年）正月，完颜宗翰率金兵东路军进至汴京城下，逼宋议和后撤军。同年八月，金军又两路攻宋；闰十一月，金两路军会师攻克汴京。宋钦宗亲自至金人军营议和，被金人拘禁。靖康二年（金天会五年，1127年）金朝南下攻取北宋首都汴京，掳走徽、钦二帝，史称"靖康之变"。此后金兵摧枯拉朽般攻取河南、河北、山西和山东一带，完全占据了淮河以北，将宋朝廷驱赶到江南。

为什么拥有如此强悍武力的金国也会修长城呢？当然不是为防备已经退缩到江淮水网偏安的南宋，而是为了抵御即将踏平半个地球的凶猛对手——蒙古人。建立金国的女真人虽然也是马背上起家，但对于蒙古高原的控制力一直较弱，所以他们采取拉一派打一派的战略，遇到哪个部落露出变强的苗头，便会收买其他部落开展所谓的"减丁"行动，即大规模屠杀并掳掠人口到中原贩卖。即使这样，金朝统治者仍不放心，便效仿前朝修建起长城来。

可能是对自己的军事实力颇具信心，金国的长城没有选择建在山峦天险，而是建在平旷的草原上。金世宗统治年间（1161～1189年），沿着今内蒙古中南部嫩江—阴山一线两千公里的距离上修建了数百个戍堡，用来防备未成气候之蒙古诸部落的小股骚扰，后又在部分地区"开壕堑"，也就是挖了一条壕沟连接各个戍堡并作为接敌时的缓冲。到了金章宗时（1189～1208年），草原上各部落逐渐出现统一整合的趋势，金国又经过数年的修建，将原有的堑壕进行扩建和加固，最终形成了壕沟—墙体—戍堡—烽燧结合的军事体系。

史书上并未将其称之为长城，而是记载为界壕、堑壕、壕堑，它的具体走向和修建过程也语焉不详，其中横亘于呼伦贝尔草原北部中蒙俄三国交界处的数百里段落更无任何文字可证，给后人的考古带来巨大挑战。它的建筑也相对简单，几乎全部墙体都位于平旷的草原上，只是前面挖一条壕沟，再将挖出的土方垒堆在壕沟后面作为墙体，建成后不久便有部分段落被塞北猛烈的风沙填平。数年后，成吉思汗的大军来到时，金国耗费心血修建的界壕没起到任何像样的作用便被攻破。

金界壕在废弃后的七百多年里鲜有人问津，直到清末著名学者王国维先生著书《金界壕考》才使它进入学术界的视野。由于它上述的特殊性，今日仍有部分学者认为其不应被称作"长城"。

在战乱频发的年代，无论是中原的统治者，还是鲜卑、高句丽、女真

× 金界壕，内蒙古锡林郭勒太仆寺旗境内

等少数民族部族、王国，都选择用长城保卫自己的国家、土地。但是长城虽然有时能阻止一些兵祸，却阻隔不了长城内外百姓的交流与交融。昔日酣战不休的汉族和各少数民族，在历史的推动下，终将逐渐融合成一个更加伟大的中华民族，一同书写着更为壮阔的未来。

第二章

集大成的明长城

　　全长8851.8公里的明长城，是中国历史上规模最宏大、体系最完备的长城。由于此后的清朝再未修筑长城，故今日我们常见到的长城遗迹如山海关、八达岭、嘉峪关等大多为明代遗迹。明朝修长城是为了防备哪些敌人？这条长城与前代长城有哪些相同和不同又是如何修建的？既然是集大成的一代长城，在军事防御体系和功能体系上有什么特点以及如何运作？守卫长城的明军过着怎样的生活？

PART 01
明长城修建史

　　明王朝（1368～1644年）部分利用前朝长城的旧迹，并先后增修多次而形成一个举世罕见的军事防御工程——明长城，又名明边墙。这是中国历史上规模最宏大、体系最完备的长城，也是保存最完整、最坚固、最雄伟的长城遗迹，西起嘉峪关，东达鸭绿江，横贯甘肃、青海、宁夏、陕西、山西、内蒙古、河北、北京、天津、辽宁等省、市、自治区，沿着传统的游牧和农耕分界线而行，人工墙体全长6000多公里。明长城不仅工程浩大，在工程材料和修筑技术上也有很多的改进。长城在防御北方游牧民族的侵扰，巩固北部地区农牧业生产和国家安全方面都起了积极的作用。

对抗北元而修的长城

　　1279年，广东崖山暴发了一场规模举世罕见的海战，领土尽失的宋朝残余力量逃入海中，凭借一千条战船在海面用铁锁结成团城，他们的对手则是已经消灭了西夏（1032～1227年）和金国，席卷了整个中原的元军。

✕ 开平卫遗址（元上都），内蒙古锡林郭勒多伦县

这场海战完全是一边倒的形势，元军几乎不费吹灰之力便击败了宋军，大臣陆秀夫抱着小皇帝赵昺跳海而死，此战被视为元朝统一中国的象征。

蒙古族建立的元朝（1271～1368年）武力强盛，在统一中国后仍然四面出兵征讨，统治者从未想过还需要进行防卫，长城的建造在这里暂时停止了一个世纪。元朝的统治奠定了现代中国的版图，但长期的穷兵黩武也给中原各族人民带来了沉重的负担，错误的民族政策和频发的天灾水患更是逼迫以汉族为主的内地人民揭竿而起。1368年，抗元起义军领袖朱元璋在南京称帝，国号"大明"，年号"洪武"。同年以"驱逐胡虏，恢复中华"的口号命徐达、常遇春率军北伐，北伐军势如破竹攻占大都（今北京），末代皇帝元顺帝弃城北逃，元朝结束。

元朝作为一个朝代灭亡了，其残余力量史称为"北元"。北元"引弓之士不下百万众也，归附之部落不下数千里也，资装铠仗，尚赖而用也，

靖难之役

1398年,朱允炆即位,为建文帝。为了避免重蹈汉朝"七国之乱"的覆辙,建文帝厉行削藩政策。建文元年(1399年)七月,镇守北平的燕王朱棣在北平打出"清君侧、靖国难"的旗号,起兵反抗明南京朝廷的削藩。

燕王联合宁王与明南京政府军进行了两年互有胜负的拉锯战,胶着在山东河北交界一带。后燕王采用了僧人姚广孝"毋下城邑,疾趋京师"的计策,不再执着于攻打政府军重兵把守的城池,而是直奔防守薄弱的南京城。这一招果然奏效,燕军几乎没遇到什么抵抗便兵临南京城下,守将李景隆献城投降,建文帝见大势已去在宫中自焚而死。燕王旋即登基称帝改元"永乐",便是著名的明成祖。

驼马牛羊,尚全而有也",仍然盘踞在蒙古高原与明朝长期敌对。其势力大致分为两部,北元朝廷所在的部落称为"鞑靼",西北阿尔泰山游牧的疏远部落称为"瓦剌",两部时常袭扰中原的明朝廷,对明朝北方边境造成了极大的威胁和破坏。据《明史》记载:"元人北归,屡谋兴复。永乐迁都北平,三面近塞。正统以后,敌患日多,故终明之世,边防甚重。东起鸭绿,西抵嘉峪,绵亘万里,分地守御"。

另一方面,虽然明朝初年,朱元璋曾在长城以北设立大宁、开平、东胜三卫,分别位于今内蒙古赤峰、多伦、托克托县,形成了第一道防线,配合以蓟州、宣府、大同和山海关组成的第二道防线抵御蒙古,明朝的势力范围较后来的长城防线向北推进了数百里。但后因朱棣"靖难之役"兵起,北方兵将抽调一空。为了拉拢蒙古骑兵参战,朱棣又将大宁都司南迁至保定,其辖地馈赠予兀良哈部落作为牧场,从此朱元璋苦心经营数十年的大宁都司失去了它的战略意义。北方边境无法再保持一个整体防线,开平卫、东胜卫纷纷陷入孤立无援之地,被迫随大宁内迁,大明王朝的防线又退回燕山—晋北一线。

朱棣即位后,深恐在南京根基不深,将国

都迁至自己的老家，燕山脚下的北平府，并将其改名为"北京"并沿用至今。由于百里开外燕山北面便是朱棣许诺给蒙古部落的驻牧地，北京因此"孤悬绝北"，开启了持续两百年的"天子守国门"局面，重拾长城防务成了一个必然的选择。

明长城修建的三个阶段

初期对沿边关隘的修筑

明朝开国之初国势强盛，徐达率领的北伐大军势如破竹，元顺帝北逃。为了防止残余的北元势力卷土重来，徐达在穿越燕山山脉的各个重要交通孔

× 大同镇守口堡长城，山西大同阳高县

集大成的明长城 —— 031

土木之变与北京保卫战

明朝正统十四年（1449年）6月，瓦剌太师也先屡次入侵明朝边境，明英宗亲率20万精锐大军出征，计划从大同北上，与瓦剌在明朝边境决战。刚到大同，明英宗就接到了太监郭敬密报，得知瓦剌已做好迎战准备。明军立即从大同班师东返，计划从居庸关回京。途中却遭遇瓦剌多次袭击，大同、宣府接连失守，吴克忠与朱勇率领的两部大军共五六万人在鹞儿岭惨败，全军覆没。余下部队移师于今河北省张家口怀来县境内的土木堡被瓦剌袭击，明军伤亡过半，战败投降，明英宗朱祁镇被俘，兵部尚书邝埜、户部尚书王佐等大臣战死。

土木堡之变后，瓦剌军兵锋直指北京。于谦临危受命，组织"北京保卫战"，也先的大军受阻于北京城下，另一支主力也在居庸关一带遭到明军顽强抵抗，无法及时增援。再加上当时各地勤王大军正赶往北京，也先唯恐后路被切断，向紫荆关撤退，却遭到明军的围追堵截，损失惨重。

瓦剌不得不与明朝廷议和，并放回明英宗，明王朝转危为安。

道和要冲谷地修建了关隘，并驻兵守卫，这可以说是明朝最早修建的长城。

1402年，明成祖朱棣即位，接着先后5次发兵，深入漠北，迫使瓦剌和鞑靼分别接受了明王朝的册封。但由于此前放弃了大宁、兴和等北方卫所，使得蒙古人得以在燕山北麓驻牧，甚至威胁到百公里以南的北京。为了拱卫京师，成祖下令在宣府、大同地区北魏、北齐等前朝长城的基础上，增建烟墩、烽堠、戍堡，深挖壕堑，局部地段增修石墙，修缮重点是北京西北至山西大同的沿边关隘，初步形成了一套烽燧警报和驻防体系。

中期大规模兴筑长城主线

明英宗正统年间（1436～1499年），发生了明朝由盛转衰的转折事件"土木之变"，英宗的二十万亲征大军几乎全军覆没，本人也做了瓦剌首领也先太师的俘虏。此后瓦剌、鞑靼在整个北方边境不断兴兵犯边掳掠，东边屡次进犯辽东，中部占据了河套一带，西北则蚕食嘉峪关以西的卫所。

✕ 长城第一墩，明长城的西起点——讨赖河墩，甘肃嘉峪关讨赖河北岸

严峻的边境形势迫使明王朝把修筑连续的长城墙体，增建墩台戍堡作为当务之急，百余年间基本建成了辽东到嘉峪关的长城主线，"九边重镇"的防御体系便成型于这段时间。

后期对长城的加固与改造

嘉靖年间（1522～1566年），阴山南麓的蒙古土默特部兴起，首领俺答汗屡次兴兵入寇，明王朝几无还手之力，甚至让蒙古军队于京师城下耀武扬威七日而去，因发生在农历庚戌年，史称"庚戌之变"。后俺答汗与明朝廷议和互市，边境稍安，明朝得到喘息的机会，得以巩固边境防务。

万历年间（1573～1620年），抗倭英雄戚继光总理蓟、昌、真保三镇防务。他创建了"空心敌楼"，并对此前的夯土和石块墙体进行包砖，设置各种守战设施，让长城防御能力实现了革命性提升。其他各镇也在这一时期开展大规模的加固与修缮工作，其中大同、辽东两镇由于地处平原，山峦低矮，凭险而守的话效果较差，故在修筑长城外又建造了大量成堡集群进行链式防守。

明长城经历两百多年的不间断修建，最终东起鸭绿江西抵嘉峪关，为了有效管理这条8000余公里的防线，明朝廷自东向西依次设置了辽东镇、蓟镇、宣府镇、大同镇、山西镇（太原镇）、延绥镇（榆林镇）、宁夏镇、固原镇（陕西镇）、甘肃镇九个军镇；嘉靖年间增设昌平镇和真保镇，史称"九边重镇"或"九边十一镇"。明朝官方从未将这条防线叫作"长城"，这是由于秦始皇修长城而亡国的故事深入人心，明朝廷深恐重蹈秦朝的覆辙，掩耳盗铃地将其称为"边墙"或"边垣"。

在明朝怎么修长城

明代的长城修建，一般先由地方官上奏申请，朝廷批准后进行。费用则大致按照"户七兵三"原则由掌管财政的户部和掌管军事的兵部共同筹措。修建任务则按各镇负责辖区内长城的修建和维护，往下再继续分区分段负责。遇到重大的工程如关城的修建，则集中调配人力。

古时修筑长城所需人力主要来自两个方面：一是军士。这是修筑长城的主要力量。二是民夫。各个朝代修筑长城都大量征用民夫。除此之外，还有一些因为其他原因而被迫去修长城的人，比如被发配充军的犯人。秦汉时有一种刑罚叫作"城旦"，就是专门受罚去修长城的，是一种较轻的徒刑。

✕ 真保镇白石口拦马墙，河北保定涞源县

虽然长城的建筑材料多是就地取材，但也需要运输，建筑材料的运输是长城修建过程中的一个难题。长城大多修建在绝险的山峰之上，城墙沿着山脊蔓延，大量的石灰、城砖、大条石运送上去，不是一件简单的事情。除了肩扛筐挑这种最原始的运输方法之外，还有就是借助一些简单工具，如手推车、滚木、撬棍等，或者利用绞盘的工作原理把千斤大石运上山。此外，山羊和毛驴在长城的修筑当中也贡献了不小的力量。

至于长城的选址及走向如何确定，已无法考证。有学者推断，应是先根据敌情和地形，确认防守的核心点，再以线相连。点是关隘城堡，线就是长城墙体了。

PART 02
九边镇守制度

经过历代的修筑与发展,长城军事防御体系在明朝日趋完善,并逐渐达到了顶峰。明长城之所以为古代军事防御体系集大成者,是以东西向分段、南北向层级设置防区,环环相扣。这一防御体系并非仅仅一条绵延万里的线性墙体,还包括长城沿线纵深分布着的各种军事聚落和防御性工事,以及其间错综复杂的交通运输和信息传递通道,形成了一个具有层次性、系统性和整体性的军事防御体系。

明朝守边制度进化史

明朝从建国之初就开始经营防务,在之后的200多年里,从未停止过对长城的修筑,并逐渐依长城一线建立起九个军事重镇,称为"九镇"或"九边"。

这里的"镇"可不是我们现在所说的乡、街道之类的基层行政单位,而是一个级别很高的军事单位,类似现在的军区。镇以下又分"路",各

✕ 宣镇独石口，河北张家口赤城县

路之下设置卫所，卫所以下则是"堡"，所以这些军事聚落按照级别分为镇城、路城、卫城、所城、堡城。明朝廷在九镇屯驻重兵抵御北元遗兵，并在各个时期都对其大力经营，足见意义之大。

明朝的边塞镇守制度也经历过一系列的变化。从卫所镇守制度到都卫体制、大将镇守制度，之后的诸王守边制度，直至总兵镇守制度。

立国之初，朱元璋沿用元朝的翼统制，改"翼"为"卫"，成为地方最高军事机构，军政合一，类似小型的军镇。都卫体制则是在卫所之上又设置了更高一级的军事机构，控制一个较大区域甚至是一省卫所，这一制度后来继续演变成都司卫所制度。为应对不时南下的蒙古军队，明朝仍需要在北方屯驻大量军队，朱元璋派遣大将镇守北疆，这些大将独自镇守一方，凡事可便宜行事，权限很大，这便是总兵镇守模式的开端。"建大将、屯重兵"的模式也是后来的大型军镇的雏形。后来，朱元璋裂土分封，使诸王各有

集大成的明长城 —— 037

分地，以树藩屏。明廷将诸王藩地布控于西北至东北的北方沿线各要塞及军事重镇，又令出塞征讨的将帅们受诸王节制，至此，诸王守边制度正式确立，明洪武时期北边边防九大核心区域也逐渐形成。这是朱元璋想通过集权于皇室来实现集权于中央的表现。

此后，诸王事实上成为地方最高军事首领，可掌控调遣军队，权力日盛，引起朱元璋及继任者建文帝朱允炆的担忧，于是采取了一些限制诸王权力的措施。建文帝继位后，力行"削藩"之策，诸王守边制度随之瓦解，而燕王朱棣趁势发起"靖难之役"，登上皇位。大权在握的朱棣以各种手段继续削弱边塞诸王的军政权力，或迁移，或废黜，边塞诸王实力大伤，无法再对皇权构成威胁，但同时也无法再担负起拱卫北疆的重任，逐渐被总兵镇守制度替代。

每有战事发生，明廷就派一名总兵到都司处领兵作战，战事完毕再回朝廷。到后来，一些总兵在打完仗后不再被调回，而是直接留守地方，并被委任为高于都司的军事官员，总兵镇守制度就出现了。和以前一个职级至高的首领辖统一方不同，新的制度将防区分散细化，并以中级将领分而守之，将北部边疆以东西向分段，各防区根据自己负责修筑的一段长城及相关军事设施，划定各自独立的管辖范围，形成防御体系。前期，总兵镇守制度依旧是军政合一模式，但各镇总兵以宦官制衡，至中后期又陆续设置巡抚、总督等文职官员。文臣后来权势地位慢慢上升，超越武将，九边军镇逐渐进入以文官统领武官的格局。

九边重镇防御体系

九边重镇的建立就是为防御蒙古军队,所以明朝历代皇帝都十分重视,不断增加投入以及不断完善防御体系,九镇集中了全国一半以上的军事资源和三分之二的精锐部队,顶峰时驻军近百万。而连带而来的军队家属、商人、工匠等,构成了庞大而复杂的体系。经过百余年的修筑,九边重镇防御体系基本完成,形成了横向以九镇分段,纵向以五路分层的防御格局,这一军事镇边体制逐渐走向成熟,最终成古代军事防御体系之集大成者。

关于各镇的划分和建立时间,学界多有说法,主要是因为划分的标准不同。明初在北部边疆设置的一些卫所成为后来一些军镇的前身。总兵镇守制度出现以后,前期先是军政合一模式,到了中后期,开始设置巡抚等文职大臣以制衡,这时候一个军镇才算形制完备。所以,一个军镇的建立不是一个单一的时间点,而是一个渐进过程。

辽东镇

辽东镇管辖范围基本涵盖今辽宁省全境,总兵初驻广宁(今辽宁北镇市),后驻东宁卫(今辽宁辽阳市)。辽东镇下辖五路,城堡二百余座,管辖的长城东起丹东市宽甸县虎山南麓的江沿台。位于鸭绿江畔的江沿台建于成化五年(1469年),是万里长城东起点。辽东镇西端与蓟镇的交接点,在铁厂堡西界的吾名口台,位于今辽宁省绥中县。辽东镇管辖的长城近1000公里。

明朝对北元的军事战略是东西两头牵制,也就是说,最西端的甘肃镇和这最东端的辽东镇,战略地位极其重要。

洪武时期,明军在辽地与北元名将纳哈出反复交锋,其间明朝廷几次

✕ 九边重镇防御体系示意图

遣使招抚纳哈出，都无功而返。直到洪武二十年（1387年），名将冯胜率大军二十万北出，直逼纳哈出屯兵的金山，史称"金山之役"。纳哈出归顺，辽东纳入大明版块。此后，辽东镇战略地位便开始下降，直到明后期东北地区女真、后金势力崛起，辽东又战火复燃。

蓟镇

蓟镇又称蓟州镇，管辖范围在今河北省及北京市北部，总兵初驻桃林口，后来移到迁安寺子峪（也称狮子峪），最后迁到今河北迁西县境内的三屯营。

蓟镇管辖的长城最初东起山海卫城东南十余里处的南海口关，后来戚继光主持蓟镇防务时，将城墙自南海口关又向东南延伸修筑了一段，直至进入渤海。这段"入海石城"直插入海，犹如巨龙饮水，人们形象地称为"老龙头"。蓟镇长城的西端终点，位于今北京市门头沟区西北与河北省怀来交界处的镇边城南部浑河北岸挂枝庵山的隘口。

蓟镇长城与宣府镇和真保镇均有交界，挂枝庵山是蓟镇长城最西的一个隘口，再向西借山险直抵浑河左岸，而浑河右岸是真保镇沿河口堡的防区，即今北京市门头沟区沿河城乡西北永定河右岸，因此，这段永定河就是蓟镇与真保镇的天然界限。

蓟镇与宣府镇的交界处，在宣府镇最东端的镇南墩，即北京市怀柔区火药山上的"九眼楼"。自增设昌镇后，蓟镇的西端点改为亓连口关的西侧，与属昌镇的慕田峪关相汇于大角楼。早期的蓟镇从南海口关绵延至挂枝庵隘口，全长达1115公里，昌镇分出后，西至亓连关的蓟镇长城总长约882公里。

蓟镇与宣府同为京师北屏，左右相连，共同抵御蒙古骑兵的进犯。蓟镇的长城修筑水平之高，为九镇之首。明中期戚继光就任总兵时，亲自监督长城的修建，工程质量要求极高。戚继光主持修建的长城较之以往有很大改进，首先是筑城的材料换成了青砖，并且在砖块上刻有烧制时间和相关负责单位（工匠或军队番号），这样如果有了质量不合格的砖块，便很容易追责，使得制砖环节更加可靠，长城整体质量得到提升。

现今若想一睹长城文字砖真容，除了博物馆之外，北京密云与河北滦平县交界处的金山岭长城之上，还存有不少文字砖实物。这段长城最初由明代开国大将徐达主持修建，后来戚继光和谭纶在徐达的基础上又有所增改。如今，文字砖已和障墙、挡马石一起，位列金山岭长城之三绝，是研究明代历史、长城历史的重要史迹，往来瞻仰者络绎不绝。

除了在建材上严格要求，在用人方面，戚继光也非常严格。他将两万训练有素的戚家军调过来执行建设任务，从而保证工程质量。

✕ 样边岭，河北张家口怀来县

在河北怀来县境内，还有一段明长城的"样板工程"。这段位于庙港东，横岭西，总长约3公里的长城，由见棱见角的规则大石条砌成，石条平均长约60厘米、宽约30厘米，厚度20～40厘米，建筑质量、规格之高堪称怀来县之最。据当地村民说，这段样边长城由开国将领徐达主持修建，建造之初的意图也是择一险要之处修建一段长城"样板"，以此标定长城的建筑规格和质量，供其他负责修筑长城的人参观采样，所以后来这段庙港长城又被称为"样边长城"。

蓟镇一个著名的关隘，就是位于河北秦皇岛市的天下第一关——山海关。在虎山长城被发现之前，山海关一直被认为是明长城的最东端，与榆林的镇北台和甘肃的嘉峪关并称为中国长城三大奇观。明洪武年间，大将徐达奉命前往榆关修建防御设施，徐达看中了这块山海相连处的险要地势，于是将之前历代屡修屡废的长城连在一起，筑关设防。洪武十四年（1381年），

✕ 山海关，河北秦皇岛市东北

关城建立，因依山襟海，故名"山海关"。山海关是中原通往辽东的咽喉要道，戚继光出任蓟州总兵后，特别加固此处关隘并增修敌楼，修筑"入海石城"，把山海关建设成了一个全封闭防线。至明末，山海关长城防线上，矗立着7座城堡、10座关隘、23座空心敌台和14座烽火台，构成了一个布局合理、防守严密的长城关防体系。

昌镇

明朝中期后，为了加强帝都和帝陵的防务，朝廷增设昌镇和真保镇。昌镇又称昌平镇，总兵驻昌平（今北京昌平区），由从原蓟镇长城中划出的黄花路、居庸路、横岭路组成，辖渤海所、黄花镇、居庸关、白羊口、长峪城、横岭城、镇边城等诸城堡。长城东起于慕田峪关东侧的大角楼，西至镇边城南部浑河北岸挂枝庵山的隘口，即原蓟镇的西端点，全长约230公里。

✕ 蓟昌二镇长城分界点——大角楼，北京怀柔区

✕ 八达岭长城是明长城中保存最完好，且最具代表性的段落之一，北京延庆区

明嘉靖帝继位后，明长城内三关防御体系已然完备。1534年，明朝廷再次提升居庸关军事规格，以参将分守此地。但居庸关以南仍然十分空虚。蒙古若突破燕山，明朝只能以天寿山陵军防御。嘉靖三十九年（1560年），昌镇设置总兵官。

昌镇所辖八达岭是明长城中保存最完好，且最具代表性的段落之一，也是万里长城中最先作为景点向游客开放的长城段，如今作为中国的一张名片，为世界所熟知。

真保镇

真保镇得名于辖区内两个重要的府城，真定和保定二城。真定城后来因避清代雍正皇帝胤禛（1678～1735年）名讳，改为"正定"，沿用至今，现为河北石家庄市下辖之正定县。

真保镇的前身为永乐年间（1403～1424年）内迁的大宁都司，亦称"保定镇"，总兵驻保定，北端起于浑河南岸的沿河口（今北京市门头沟区沿河城乡），南端至数道岩口（今河北省沙河市）管辖长城长达850公里。真保镇与太原镇长城的连接处位于今山西省灵丘县西南的牛邦口，西邻山西繁峙县，南接河北阜平县。

自灵丘沿太行山南下的边墙是著名的太行山长城，也是真保镇长城南段的重要组成部分。太行山基本没有大段延续的长城，因山势险峻，只在一些重要的关口处有部分较短墙体。真保镇长城在牛邦口与山西镇相接，然后分出一支南下，越过河北阜平县与山西五台县交界的龙泉关长城岭，过盂县十八盘，入平定县娘子关，再下昔阳县鹤度岭、马岭关，经和顺县黄榆关、支锅岭，到左权县峻极关、黄泽关，最南至数道岩口。

✕ 娘子关，山西阳泉平定县

✕ 固关，山西阳泉平定县

大同镇

大同镇管辖范围在今山西省北部，总兵驻大同府（今山西大同）。大同镇的长城有"大边""二边"之分。

原大边绵延于今内蒙古南部，建于明永乐至宣德年间，但在较早的时候就废弃了。现在的大边是大同镇长城的主线，基本沿山西、内蒙古边界修建，管辖的长城东起山西天镇县平远堡，在镇口台与宣府长城结合，西至今内蒙古清水河县丫角山，全长330公里。二边也称"次边""小边"，东起宏赐堡，经外场沟、新荣镇、八墩村，入左云境管家堡乡黄土口、黑土口，与大边相连，长约40公里。大同镇下辖朔州卫、平虏卫、威远卫等13个卫所。

山西北部与蒙古草原之间无巨山之险阻隔，草原部族的铁骑若想直插中原腹地，晋北是首选的通道。历史上，匈奴、乌桓、羯、鲜卑、柔然、

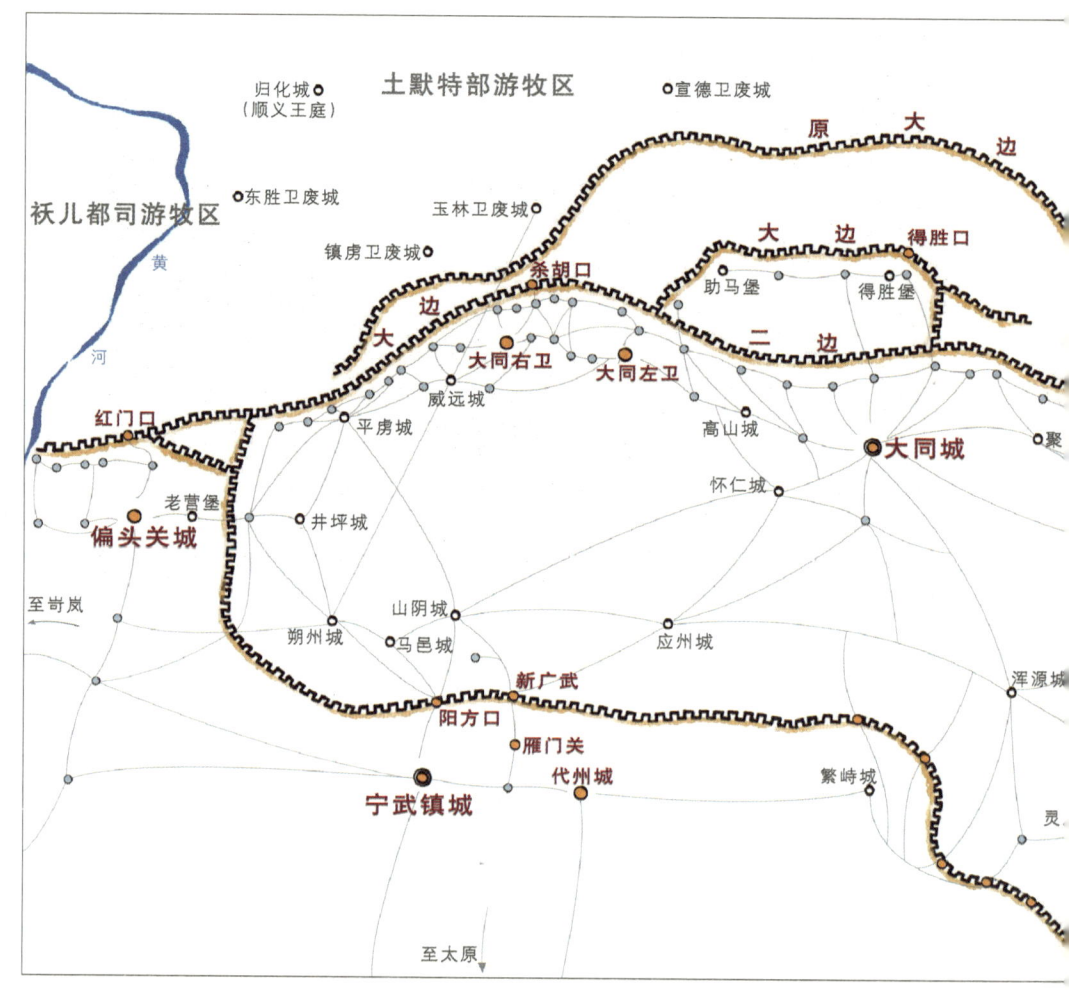

× 大同镇防御体系示意图

突厥、契丹乃至蒙古人，均以此为突破口。因此，这里作为边防重地而广筑抵御骑兵的长城也成为必然。明朝历代皇帝都很重视大同镇这一京师右侧屏障。

位于朔州右玉县晋蒙交界处的杀虎口，是大同镇下辖的一处著名关隘，

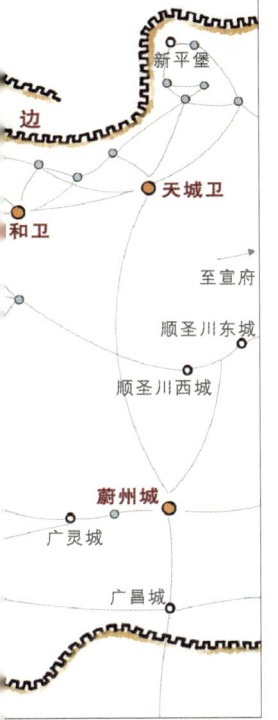

明朝曾多次从此处出征蒙古瓦剌，故得名"杀胡口"。后来为缓和民族矛盾，促进中原与塞北的贸易往来，谐音改"胡"为"虎"。杀虎口两侧皆为高山，地势险峻。明嘉靖二十三年（1544年）由土筑城，万历二年（1574年）外层包砖，万历四十三年（1615年）在杀虎口堡南侧又筑平集堡，以墙相连，互为犄角。

作为军事要塞的杀虎口，两千年来战火不断，明蒙之间也多次在此地交锋，正统至嘉靖年间，杀虎口和右玉城多次被蒙古军队攻破。除了军事方面，中国历史上重要的人口迁徙浪潮之一的"走西口"也在杀虎口发生过。清代，人口大发展，导致人地矛盾尖锐，大量山陕等地的贫民迫于生活压力，前往长城以外的内蒙古草原垦荒、经商，史称"走西口"。

宣府镇

宣府镇的管辖范围大致在今河北省西北部张家口市一带，总兵驻宣府卫（今河北张家口市宣化区）。管辖的长城东起镇南墩，即今北京怀柔火药山上的"九眼楼"，与蓟镇（后来的昌镇）相交。西端的终点，也是和大同镇长城的结合部，位于西阳河口镇口台（今河北省怀安县与山西天镇县北部的交界处）。宣府镇所辖长城全长510多公里。

"靖难之役"后，朱棣称帝，迁都北京。大宁、兴和、开平、东胜一线防区陆续放弃后，宣府的战略地位直接由二线变成了一线。

宣府要冲，居于京师之西北。北部诸多军镇中，宣府是唯一采取备御

✕ 宣化三楼之镇朔楼,河北张家口宣化区

制度的。备御制度是一种较为灵活的临时性驻守制度,除宣府本身屯聚重兵之外,另调客兵前往宣府备御。这支军队不属宣府本地卫所,边境安宁时会全军返回京师。这样的巡边备御调动几乎一年一次。宣府之所以采取这种驻军制度,主要是因为宣府作为京师北之屏障,是防御蒙古的核心地带。宣府之防务亦是京师之防务。

明洪熙元年(1425年),朝廷"命永宁伯谭广佩镇朔将军印,充总兵官来镇",宣府总兵始为常设。早在永乐年间,谭广就任过宣府总兵,此番来镇,目的是加强城防建设。如今宣化著名的城南门楼——昌平门就初建于那时,虽后经清代重建,但也基本保留了当年的风貌,为明代城楼建筑中的精品。

明蒙之间在宣府曾发生过很多次惨烈的战争,涌现出过许多英雄人物,宣府总兵镇朔将军杨洪就是其中一位。

✕ 广武长城，山西朔州山阴县

杨洪生于明洪武十四年（1381年），太原人氏，以善骑射、敢战著称，镇守独石、马营等要隘40余年，敌寇闻之丧胆，称"杨王"。正统十三年（1448年）杨洪升任宣府总兵官时已经68岁高龄，佩镇朔将军印。次年，即发生了震惊朝野的"土木之变"，在皇帝被俘、大军溃败的危机形势之下，杨洪沉着守卫宣府，后来又驰援北京，协助于谦取得"北京保卫战"的胜利，稳住了局势。如今，在河北张家口赤城县东南8公里处的杨家坟村，还可以找到镇朔将军杨洪之墓。

山西镇

山西镇又称太原镇、三关镇，管辖范围也在山西省北部，位于大同镇以南。总兵初驻偏头关（今山西偏关县），后移驻宁武所（今山西宁武县）。管辖的长城西起兴县黑峪口关（今山西省吕梁市兴县黑峪口镇），经偏关、

集大成的明长城 —— 051

老营堡、宁武关、雁门关、平型关，东至平型关东南的石洼砦尽处，与真保镇长城汇于牛邦口，全长700公里。

因该镇在大同、宣府两镇长城的内侧（南边），故又称为内长城，而偏头、宁武、雁门三关合称为内长城的"外三关"，素有"金雁门、铜偏关、铁宁武"之称。在东边蓟镇与真保镇的居庸、紫荆、倒马三关就为"内三关"。因宁武关位于外三关的中路，从嘉靖十九年（1540年）开始，就负担起了外三关的整体防务，总兵由偏关移驻而来。

山西镇之北有大同镇。地势平坦的晋北大地，非常适合以骑兵为主的蒙古大军纵横决荡。大同镇是第一道防线，山西镇就是第二道，防止蒙古直插中原。再者，随着蒙古部落进入河套之地，除延绥镇之外，山西也开始面临很大的压力，所以山西镇西部的偏头关等关堡也沿黄河阻挡着蒙古的进犯。原本，滔滔黄河自成天险，本无须过于担心，但到严冬，黄河冰封，天险变通途，坚硬的冰面使草原骑士可以呼啸而来，甚至沿冻河直驱数百里，深入晋中一带，令戍守将士颇为头疼。

黄河自青藏高原东流而下，到了宁夏吴忠地区，突然掉头北上，直奔阴山而去，沿着山脚转了一个几字形的大弯后，又从晋陕大峡谷回归中原。这一道大弯在茫茫塞北划出了一个名为"河套"的地区。河套水草丰美，引来蒙古部落繁衍生息，也便利蒙古部落不时南下剽掠内地。

明朝廷为了挫败蒙古的野心，组织了多次出塞远征，可是效果总是不尽如人意。于是，明朝在山西与内蒙古交界处反反复复修了三四道长城，成为一大奇观。

山西与内蒙古交界处的老牛湾就是明朝这段历史的见证。老牛湾堡便位于黄河河道东侧的峭壁之上，长城和黄河相交的地方，被诗意地称为"长城与黄河握手处"。但如今的诗意并不能掩盖昔日战事的惨烈，明蒙两军

✕ 老牛湾，峭壁之上的老牛湾堡和望河楼，山西忻州偏关县

在山西北部常年鏖战，长城上早就浸透了鲜血。

以此往北数十公里处的内蒙古托克托县，曾经是另一个长城与黄河握手处。那里原本是大明的东胜卫，把守着河套东岸的战略要地，可惜当地兵将屡战屡败，大宁卫内迁之后，他们也被调往河北唐山一带，东胜卫城就此废弃，老牛湾从大后方变成了最前线。

甘肃镇

甘肃镇的管辖范围大致在今甘肃省境内，从中间到西北部，总兵驻地为甘州卫（今甘肃张掖市），辖长城 1130 多公里。管辖的长城范围在万历二十六年（1598 年）以前，东南起自沙井驿堡的李麻峪沟（今兰州市沙井驿村与安宁堡村之间）。明万历二十七年（1599 年）后，东端点向北移到阿坝岭堡的双墩。而甘肃镇长城的西端即是万里长城的西部终点，在嘉峪关以南的讨赖河墩。

虽然经过漫长岁月的风沙侵袭，甘肃镇长城至今仍有大段连贯墙体遗存。甘肃镇下辖15个卫所，其军镇地位在太祖末年确立下来之后就没变过，这和它特殊的地理位置不无关系。

对于当时的明王朝来说，甘肃镇就像一把匕首直插西北，北方是残元势力，西方是未能收回的西域，南接青藏高原，可谓四战之地，战略地位可见一斑。作为距离京师最远的一个镇，甘肃镇西端的嘉峪关远在数千里之外，比起拱卫京师的蓟州、宣府、大同三镇，地位丝毫未有逊色。

明朝虽未直接收回西域，但甘肃镇的存在，有力地保障了明朝与西域，乃至更遥远的欧洲大陆的联系，不论商贸还是外交，都对形成对北元的攻守之势大有裨益。其实在甘肃镇以西，还有关西七卫的设置，所谓关西是以嘉峪关为参照的。哈密、赤斤等七处卫所与甘肃镇互成犄角，从西翼协同抵御敌患。

甘肃镇的嘉峪关号称"天下第一雄关"，作为古代军事重地，是现存长城关城中保存最完整的一处。关城位于甘肃嘉峪关市西部5公里处最狭窄的山谷中，与长城墙体相连，北边是有"西部八达岭"之称的黑山悬臂长城，南边到明长城的西起点"天下第一墩"讨赖河墩。

宁夏镇

宁夏镇管辖范围在今宁夏回族自治区北部，总兵驻宁夏卫（今宁夏银川市）。管辖长城的东端点在盐池县与定边县的交界地带，西端是宁夏中卫西南界黄河南岸的喜鹊沟，也叫芦沟（今宁夏中卫市和甘肃省靖远县接壤处）。宁夏镇所辖长城长度达1000公里。

宁夏是中原王朝与少数民族经常交兵的地区。宁夏镇与甘肃镇相连，

✕ 嘉峪关关城，甘肃嘉峪关市向西5公里处

形成纵深防御体系，战略地位亦举足轻重。

宁夏卫即银川，自古以来就是一个军事色彩浓重的城池，秦时匈奴强盛，秦始皇遣蒙恬领兵30万在此屯驻，开始修建这座军城。汉武帝时置朔方郡，迁内地大批贫苦百姓至此，采用大规模的军屯和移民实边政策。东汉时，这里已由一座边塞小城发展成了一个"沃野千里，谷稼殷积，牛马衔尾，群马塞道"的绿洲之地。再后来定名为兴庆府，作为西夏都城前后达200余年。

宁夏镇能够成为九镇之一，首先是因为它的地理位置十分重要。宁夏位于黄河中上游，东北方接壤河套地区，西南方连通河西走廊，西北方倚借贺兰山脉，东南直抵中原腹地。从地形地势上看，宁夏镇也属据险固守之地。贺兰山在宁夏镇城西北30公里，外隔蒙古部落，绵延数百公里，是天然的防御屏障。另外，身处西北的宁夏并非黄土朝天、风沙蔽日，相反，这里水系发达，土壤肥沃，很多地方种的都是水稻。因此，在明代的九边

集大成的明长城 —— 055

✕ 榆林镇城六楼骑街(凯歌楼),陕西榆林市

重镇当中，宁夏是唯一设有管理水利屯田都司的边镇。明后期，在其他各镇的屯粮比之前勉强持平或有大幅度减少时，只有宁夏镇反而有了数十倍的增加。

延绥镇

延绥镇又称榆林镇，管辖范围属今陕西省北部，总兵初驻绥德州（今绥德县），成化年间（1465～1487年）移治榆林卫（今榆林市）。延绥镇长城亦有"大边""二边"之分，两道边墙相距20～30公里，中间的部分称为"夹道"。

"大边"是防守的主干线，管辖长城东起黄甫川堡东北处黄河西岸的河边墩。黄甫川堡为今陕西省府谷县黄甫乡，而河边墩位于内蒙古自治区准格尔旗马栅乡。"大边"长600多公里，西端点在今陕西定边县与宁夏盐池县的交界地带。

"二边"东起今府谷县墙头乡墙头村黄河西岸，西至今定边县西南部红柳沟乡三山口村附近。"大边"和"二边"总长1450公里。

宣德年间（1426～1435年），部分蒙古部落进入水草丰腴的河套之地，并不时南下叩边劫掠，被称为"套虏"。延绥镇首当其冲，成为抵御河套蒙古部落的要冲之地。所幸延绥镇兵雄将悍，常将来犯的蒙古人打得落花流水。陕西自秦汉以来，精兵强将世有所出，至明代，陕地产盛产良马，民风彪悍，九边之中以尤以延绥镇兵最强。同为明军战力第一梯队的固原镇"秦军"，主力也大多来自榆林。

"土木之变"（1449年）后蒙古部落逐渐进入河套地区，并有进攻榆林、宁夏甚至陕西的举动。他们凭借着军事力量的优势，长期居于河套地区。河套地区如果长期处于蒙古部落的控制之下，必然成为蒙古铁骑进攻内地的跳板。于是明军主动出击,进入河套地区搜剿蒙古部落,这一行动被称为"搜套"。终于,景泰元年(1450年)时,在明军的驱逐之下,蒙古人撤出河套地区,回到大漠。

此后,蒙古人和明军在河套地区展开了拉锯战,曾多次攻入长城以内。明天顺元年(1457年)明军再次开展"搜套"行动。第二年,蒙古部落进攻榆林,延绥镇由此建立。

固原镇

固原镇又称陕西镇,管辖范围主要是今宁夏中南部,以及东西两侧甘肃的部分地区,明代均属于陕西省管辖。固原镇总兵驻固原州(今宁夏固原市),管辖长城为东起延绥镇饶阳堡(今陕西定边县)西界,西至洮州卫的峪口石崖(今甘肃卓尼县)。明隆庆五年(1571年),裴家川长城竣工,固原长城的西端点北移到大庙堡东边的喜鹊沟,也叫芦沟,位于今宁夏中卫市和甘肃省靖远县相邻之处。固原镇长城全长约500公里。

甘肃镇、宁夏镇和延绥镇,史称"西三边",加上固原镇史称"三边四镇"。西三边设有三边总制之官职,治所也在固原镇。所以说,固原镇事实上是明朝西北边境的军事指挥中心。

固原镇大部分地处三镇腹地,西北、北部和东北已有甘肃、宁夏、延绥三镇,故兵患较少,设镇时间略晚。明成化十年(1474年)朝廷为了协调西北三镇军事,任命名将王越开府固原,总督延、甘、宁三镇军务,这可以说是固原镇设置之始。后来这个职位又先后得名"三边总制""三边总督",权力也一步步提升,一手包揽了陕西省的军马、钱粮调度,并能节制三个军镇的总兵、巡抚。

从各镇的初设到完成情况来看,九边重镇的设立开始于从明洪武七年

✕ 固原内边，宁夏吴忠同心县

（1374年），最终完成于明嘉靖四年（1525年），历时150余年。也是在嘉靖年间，最终出现"九边"的叫法。

九边重镇让明代的边防体系达到了新的高度，从修建之初到日臻完善，已发展成为一个复杂而庞大的军事防御体系。这个体系以长城为轴，将各大军镇串联，各镇所辖的下级防御单位又以镇城为核心，分布于四周。整个防御体系仿佛一架巨大的机器运转着，捍卫着帝国的疆土。

PART 03
明长城防御体系的运作模式

明朝的防御体系以前朝防制为基础,在接下来的近百年中不断改进完善,到了明代中后期,绵延 8000 余公里的长城防御体系——九镇防御体系基本建立完成,形成了"横向九镇分段、纵向五路分层"的防御格局。那么,这个庞大体系内的各个零件之间,是怎样的结构与关系,这台机器又是如何运转的呢?

"九镇""五路"组织体系

"横向九镇分段"。九边重镇自东向西依次为辽东镇、蓟镇、宣府镇、大同镇、山西镇、延绥镇、宁夏镇、固原镇、甘肃镇。这九个防御单元负责各自防区,但互相之间又协同防守、联合作战。

"纵向五路分层"。镇城是一镇之心脏所在,镇守总兵官驻于此城,掌管该镇防区内的军事战略和行动。一镇所编之兵员人数依实际情况而定,各镇不同,从几万到十几万不等。据《四镇三关志》所载,辽东镇驻兵超

✕ 蓟镇典型墩台，北京怀柔区箭扣长城镇北楼一带

过9万人，蓟镇也超过7万人，而真保镇和昌镇则少很多，分别为3万多人和不足两万人。

  各镇之下又分"路"设防，一镇所辖之路三至八数不等，路城为一路之核心，驻守武官为参将，管辖本路诸城堡军队及防区军务，驻兵1.2万余人。各路之下设置"卫"和"所"，卫是镇城和路城周围拱卫中心之防御单元，一路通常管辖两卫（各地根据实际情况有所调整），卫的驻守武官为守备，驻兵五千余人。所则是拱卫卫城的军事单元以及后勤部队驻扎之所，分为"千户所"和"百户所"，每卫管辖五个千户所，每千户所管辖十个百户所，千户所驻守武官为千总，驻地为所城，驻兵千余人。百户所驻守武官为百总（或称把总），驻地为堡城，驻兵112人。一路之下所辖之堡可达数十个之多，堡城沿东西向分布在长城沿线，分段防守长城各段落和关口，每个堡城有相应的责任段落。

百户所之下是总旗，总旗官驻扎该城堡，受百户所调遣，配备兵员 50 余人。总旗之下还有受其调遣的小旗，每旗 10 余人。此外，各镇还设有游击将军一职，职位低于参将，驻在镇城或指定的堡城，受镇守、巡抚调遣。对于军士的管理，明制规定卫所所辖的军士都另立户籍，称之为"军户"，军户代代世袭，不能脱籍。每军户出丁一位称正丁，若正丁死，则尤其子或其弟补上。

只是，明朝中后期卫所兵制崩坏，出现大量空饷、缺额、逃逸的情况，实际驻军远小于额定数量。

纵观长城全线，大小军堡和关口数不胜数，沿线军堡的分布情况总体上看是"一里一小墩，五里一大墩，十里一寨"。但也和所处的辖区有关，距离京师越近的军镇，堡越密集，关口也越多。同样，越是重点的防区也会越密集，且有大量关堡，即关、堡合一的工事。例如延绥镇平均 40 里一堡，宣大防区平均 30 里一堡，到了辽东，仅二三十里就有一堡。

除了军堡之外，民间还有大量的村堡建筑。"堡"是中国北方常见的一种聚居形式，是由土或砖石围墙围起来的村落，集居住和防御功能为一体。在明代，边境地区除了蒙元铁蹄的侵扰之外，还有土匪流寇的劫掠，朝廷无暇兼顾，曾下令民间自发建堡以自卫。后因堡内举义事件频发，又禁止了村堡的兴建。最著名的村堡集群当属河北张家口蔚县的"八百古堡"，各具特色的村堡至今仍有不少较好地保留下来，里面军民生活、宗教庙宇、戏台娱乐等场所各具特色，展示了丰富多彩的明代边塞文化。

九边重镇的功能体系

九边重镇的横向分段有利于明确防区责任、提升管理效率，纵向分层有利于逐级设防，加大防御纵深。而整个长城防御体系之所以庞大而复杂，不仅因其组织结构复杂，各种功能性设施和系统也十分庞杂，包括屯兵屯田、交通驿传、贸易互市等功能。

屯兵系统

军队屯于长城沿线的重要关口、城堡，各军镇则按照镇城、路城、卫城、所城、堡城分为不同的屯兵等级，驻扎有不同数量的军队，城内设各种军事设施，如校场，以完成日常所需训练等。

烽传系统

在通讯极其落后的古代，传递军情或其他讯息有烽传系统和驿传系统。烽传系统指军事情报通过在长城沿线建立的烽火台燃放烽烟，以"色"或"声"来进行传递的系统。"色"通常指旗帜或火焰、浓烟等，而"声"指梆、炮之响，古人是利用声色的特性，使军情快速传递于各防御单元之间。而有意思的是，烽传系统最早是以闹剧的形式载入史书的。

据《史记》记载，西周时期，为了拱卫京城镐京，防备周边不服王化的"蛮族"进攻，西周修建了连绵的烽火台。遇到入侵便点燃烽火，通过烽火接力将警报传递下去，一是警告人民入城躲避，二是通知诸侯国赶快带兵勤王。这种方法让能警报顷刻之间传遍千里，可以说是长城"烽燧"制度的前身。但西周最后一位君王周幽王，为了博美人褒姒一笑，竟然在无任何敌情的情况下下令点燃烽火。诸侯以为受到入侵赶忙带兵前来救驾，

✕ 北京密云区崔家峪的烽火台及远处的密云水库

到了京城门口却见不到半个敌人,只有周幽王和褒姒在城楼上饮酒作乐,指着城下乱作一团的兵将们开怀大笑。诸侯们只得恨恨而归。过了几年,犬戎真的来进攻了,周幽王慌忙点燃烽火,却没人理会。等不到外援的京城不久失守,昏庸的周幽王被犬戎军队杀害,镐京焚毁一空,西周也随之灭亡。这段史实被称为"烽火戏诸侯"。

驿传系统

驿传系统则是指在长城沿线设置的供官员往来、公文传递和军事物资运输等使用的交通系统,包括驿路、驿站等。驿站主要由马驿、递运所和急递铺三大机构组成,每六十里或八十里置一马驿,供换马之用;递运所主要是向各镇输送军需;急递铺则专司递送军情、公文、政令等邮件之职能。这些驿站和驿道穿插交织于长城沿线的雄关要隘之间,直至京师,是明廷与边塞之间信息畅通的重要保障。据说明代全国范围内有驿站约两千座，驿道总长达14万公里，因为战争需要，长城附近尤为密集。

坐落在河北怀来县西北部鸡鸣山脚下的鸡鸣驿古城，是现今保存较为完整的一座古驿城，属宣府镇。鸡鸣驿的名字取自鸡鸣山，在城门上额有砖雕"鸡鸣山驿"四个大字。

从鸡鸣山顶俯瞰驿城，方正周直，瓦舍俨然，驿路东西延伸。鸡鸣驿位于京师出居庸关抵达塞外的瓶颈干道上，是为要冲之地。史书载，鸡鸣古城正式设为驿城是在明永乐十八年（1420年），也有一说鸡鸣山下设驿自元代始，但经考证元代所设鸡鸣山下的驿站并非鸡鸣驿，可能另有驿站，此说值得商榷。

宣府作为京师北之屏障，下属的驿站多依附于卫所城堡，仅有几处设置为独立驿站，鸡鸣驿便是其一。鸡鸣驿北距长城不过百里，因防御需要，也修建了城堡，城垣高度比肩宣府镇城，金城汤池，至今仍基本保留完整。1900年，八国联军攻入北京，慈禧携光绪仓皇出走"西狩"，就

明末的驿站裁撤之争

清朝汪景祺（1672～1726年）在《读书堂西征随笔》中记载：明崇祯初年，御史毛羽健调入京城为官，夫人则留在老家湖北。他在京师养了一个小妾日日恩爱。谁知一日夫人突然出现在家门口，将小妾一阵打骂轰走。毛羽健纳闷夫人如何能悄无声息地从千里之外的湖北赶到京师呢？一查才知，夫人动用御史夫人的身份，让遍布全国的驿站派公车将她送至京城。毛羽健上奏崇祯帝，说驿站不谋主业应精简编制。崇祯帝马上应允。

汪景祺的记载可能是戏说，但明末确有一场裁汰驿站的争论。最早是万历年间内阁首辅张居正提出，认为精简机构可以节省大笔财政资金，反方则辩驳称这几十万受过军事训练的大汉一旦流入民间必然引起动荡。一来二去这事就搁下了，直到毛羽健联合给事中刘懋上疏，获得崇祯帝批准，终于将丢掉饭碗的李自成等人逼上梁山。

✕ 鸡鸣山及山脚下的鸡鸣驿，河北张家口怀来县

曾在鸡鸣驿落脚。清光绪二十八年（1902年）宣化开办邮局和宣统元年（1909年）京张铁路的通车，分别取代了旧式官办驿邮和驿运，鸡鸣驿结束了它的驿站使命，历明清两代四百八十八年。

屯田系统

像长城这么庞大的防御体系，仅靠外部物资运输是远远不能满足所需的，军需屯田系统为旨在补充这一需求而产生的屯田、冶炼、制盐及贸易市场等功能的总称。军需屯田系统和屯兵系统共存，在军镇的职级体系中，有各级专门统管军需屯田的官员，形成了完备的屯田指挥系统，即"边军皆屯田，且战且守"。早在元顺帝时期朱元璋自称吴国公时，就已经在势力范围内开始以军士屯田。随着大明基业的奠定，这一耕战结合的军屯制度也在全国推广开来。

军屯是当时边镇地区解决军费的一个重要手段，除此之外，还有民运、开中、京运等方式共同构成了军费来源。

军屯制度在明前期对边镇地区的粮饷供应起到了重要作用。以大同镇为例，有"国初，军饷止仰给屯田"，"一军之田，足以赡一军之用"等说法。但这种制度本身也是存在缺陷的：被分配去屯田的军士，必须世代延续，没有离开的自由，必须种植指定的作物，更甚在于，军田所上缴的份额远高于民田。而且军户的地位低下，立功升迁机会渺茫，所以积极性受到严重打击。至明中叶时，屯军出逃风气日盛，导致大片田地荒芜。屯田制度日渐废弛，民运的重要性就日益体现出来。"后以屯田废弛，屯军亦多掣回守城，边储始唯民运是赖矣"。

运粮系统

在明代，征缴的税粮分为两个部分，一是存留司府，一是起运京边。"起运京边"按照运输方式，可以分为官运和民运，以民运为主。"民运者，屯田不足，加以民粮。麦、米、豆、草、布、纱、花绒运给戍卒，故谓之民运。"户部每年会指派某省将一部分税粮运往边镇，随着军屯的减少，民运的负担日益加重。仅陕西一省就要供给固原、甘肃、宁夏、延绥四镇粮饷。

开中是指朝廷将手中的垄断资源让利商人，换取商人对边镇粮饷的供应，比如商人将粮食运到边境的粮仓，即可得到贩盐的许可凭证——"盐引"。食盐本是官售物品，私人不得贩卖，朝廷用贩盐许可换取商人的粮食支持，商人认为有利可图则会应召。一般来讲，商人有三种方式完成这一任务，第一种就是直接运粮米从产地到边镇，第二种是从边民手中直接购买以纳粮，第三种则可持续性强一些，雇人在边塞种地，得到收获后纳粮。然而到了明朝中期，开中也遭到了破坏，因为皇室贵族的滥权夺利，导致有的

洪洞老槐树与西南屯堡军

明朝初年,因经年战事,繁盛一时的华北平原人烟稀少。为了巩固统治明政府在洪武到永乐年间从山西中南部向外移民屯田近二十次,数十万人。

在离开山西之前,移民先要去位于洪洞县广济寺附近所设的登记点进行统一登记。广济寺门前有棵枝繁叶茂的大槐树,于是便有了"山西洪洞老槐树"的集体记忆。

同一时间,在我国西南地区也进行着一场声势浩大的军事移民行动。明军推翻元朝统治后,盘踞在云南、贵州一带的故元梁王、大理段氏和众多土司却一直不肯降服。洪武十四年(1381年)九月,朱元璋30万大军进军西南,后留下义子沐英和征南军9万余人永镇云南,此后又多次从长江中下游一带进行军事移民稳定西南边陲。至今,在贵州西南群山里还保留着一些比较完整的明代屯堡村落。

商人虽有盐引却支不到盐,或等待太久,或无法保质保量。至嘉靖年间,"各边开中至无人应诏,开中法已不可收拾"。

京运是国家直接发给边镇的饷银,包括年例和奏讨。年例银是每年固定会发给各镇的饷银,而奏讨则是各边在一些特殊情况下向朝廷奏请拨付的银两,如修筑长城、购买军马、紧急军情等。随着军屯、民运和开中的运转不利,加上九边军费又是连年递增的态势,京运年例直线上升。朝廷的超负荷军费开支导致赋税加重,明末的农民起义虽然是多方面原因导致的,但繁重的赋税压力也是其中重要的一点。明晚期朝廷为了支付与后金作战所加征的"辽饷",为征讨李自成、张献忠起义军所征收的"练饷""剿饷"是为臭名昭著的明末"三饷",逼迫惨遭压榨的农民走上了武装起义的道路。

除了自己生产之外,还有一种被称作"马市"或"互市"的贸易,是长城沿线军民用内地所产之茶叶、布帛、铁器等生活物品与游牧民族集中交换马匹等牲畜或其他畜牧产品的活动。久而久之,形成了有固定地点和时间周期的交易活动。马市的具体地点,往往利用一段长城墙体修建一小堡作为专用交

× 左云马市楼,山西大同左云县

易场所,也有小部分因贸易量较大而设在长城内部重兵把守的堡垒内,每个马市周围还要建有高大的墩台供守军监视瞭望。除此之外,附近还要有较为充沛的水源和较平旷的草地供蒙古部落贸易的牲畜暂集。在明长城沿线,广泛分布着明蒙间的互市贸易场所,如山西得胜堡、河北张家口、辽宁抚顺关等。

PART 04
明长城的建筑结构

明长城是由城墙、关（城）堡、墙台、敌楼、烟墩和驿传构成的完整军事防御工程体系。其中城墙与敌楼是长城的建筑主体。城墙依照不同的

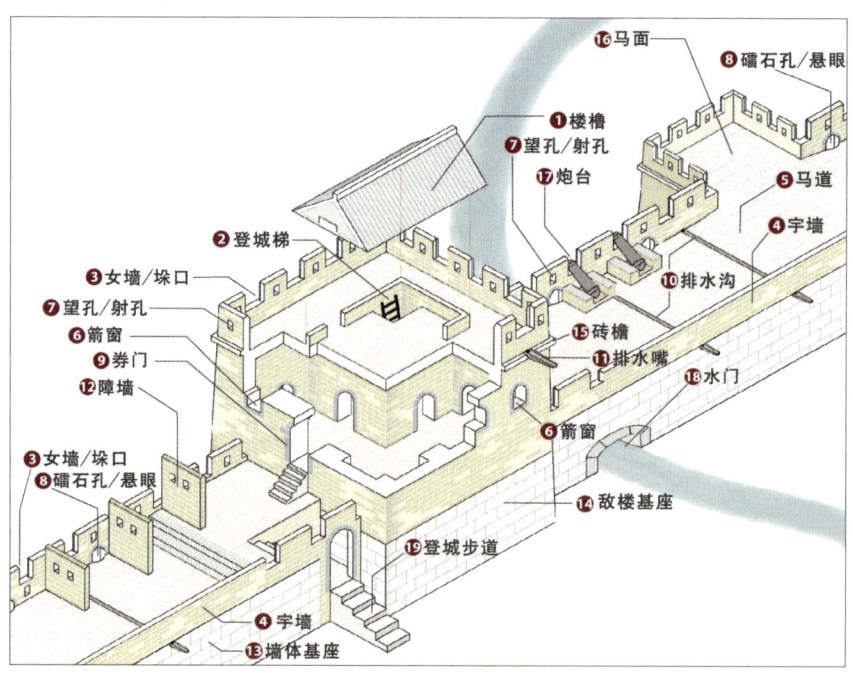

✕ 长城建筑结构图

山形地貌变化其形态，敌楼则以砖砌拱券式的空心敌楼最多。所谓"骑墙为台，睥睨四达，台高五丈，虚中为三层，台宿百人，铠仪糗粮具备。"根据国家文物局和国家测绘局 2009 年联合发布的调查结果显示，明长城现存敌台 7062 座，马面 3357 座，烽火台 5723 座，关堡 1176 座，相关遗存 1026 处。

1. 关

即关塞隘口，一般依托于墙体，居于长城要津，设置关隘的地方多在两山间的谷口，或河流的汇合转折之处，或一马平川但属咽喉要道之地。在明代，关隘一般大者称"关"，小者为"口"。

关城是长城沿线重要的防御据点，也是出入长城的通道，通常设置于易守难攻之处，"一夫当关，万夫莫开"指的就是这个。长城沿线关城大小有别，总数近千之多，著名关城如蓟镇的山海关、黄崖关，昌镇的居庸关，真保镇的紫荆关、倒马关，山西镇的平型关、雁门关、偏关，甘肃镇的嘉峪关等。

一般来讲，关城两翼与长城墙体相连，是长城主线建筑的一部分，但也非绝对，也有很多并不在长城主线上，如雁门关、居庸关等。尽管如此，它们仍属于长城防御体系的重要组成部分。关城建有砖砌拱门，下设车马道，供军队或商旅出入，上筑城楼和箭楼，驻军布防及瞭望之用。许多关城都建有两重或数重，其间以城墙相连，成封闭城池，有的关城筑有瓮城、角楼、水关或翼城。

2. 城／堡

指筑有城围的屯兵居住地，一般与长城墙体不直接相连。九镇防御体系中，各级武将所驻守的镇城、路城、卫城、所城、堡城等，就是分布在长城沿线大大小小的城堡。

城堡通常配置于长城内侧，有时根据需要也有设于外侧的。城堡由砖砌城墙，建有马面、角楼等建筑，城门处建有瓮城，有的还建有翼城。城堡内有官员办公的衙署、驻兵的营房等军事设施，也有民居、寺庙、市场等民用设施。

3. 墙体

墙体是长城建筑中最主体的部分。时至今日，留存下来的长城墙体样式众多，形式迥异。根据建筑材料和形式的不同，墙体分为土墙、石墙、砖墙、山险墙、木障墙、壕堑／界壕等类型。明长城中，使用最多的建筑材料就是土、石、砖三类。

明长城的建筑有严格的等级标准：一等边墙，多修筑在要塞部位。以方整的条石为基座，墙身内外两侧用砖或条石砌筑，墙顶女墙以砖砌成，墙顶铺砖。墙体高大宽厚，一般高7～8米，甚至有达10米者。墙顶宽6～7米，可五马并骑，十人并行。二等边墙，多建在较重要部位。墙身外侧以砖或条石砌筑，内侧以毛石砌以虎皮墙面，白灰勾缝，女墙砖砌，墙顶铺砖，一般高7～8米，顶宽3.5～4.5米。三等边墙，多建于险峻之处，就地取材，一般以毛石垒砌，内外虎皮墙面。墙体厚度、高度、做法无固定要求，视需要和条件而定。

有些受条件局限的长城段落并不是宽阔且有顶部平台的墙体，而是一种顶部无法站人的单边墙，有的由夯土垒筑（多见于山陕防区），有的以毛石垒筑。这些单边墙体间会有骑墙的墩台和墙体外部的墩台配合作战。

有些段的长城前，会有针对骑兵设置的防御工事，比如被称作绊马坑

× 金山岭长城的障墙、敌台、楼橹、女墙,河北承德滦平县与北京密云区交界处

的陷阱,或建造挡马石。这种防御工事有时多达几道。

4. 敌台

也叫敌楼、墩台,横跨并突出高于城墙的平台,分为实心和空心两种。

原先,建在长城上突出于两侧墙面,高出墙体的平台,是早期的战台。战台可供士兵居高临下打击敌人,战台设置的间距以当时武器的有效射程为依据。敌楼券门上方有匾额,上刻该楼名称或编号。

戚继光任蓟镇总兵时,对原有战台进行了改进,创建空心敌台,或称敌楼。它既是一座瞭望台,又是一座堡垒,既可以供士兵居住也可以存放物品。敌楼顶部的房屋式建筑叫楼橹,又称铺舍、铺房,可用于居住或存放物品,明时代也叫哨房、望铺、望亭。

5. 烽火台

烽火台也称烽燧，昼燃烽以望火烟，夜举燧以望火光，用于报警或传递军情的建筑设施。明代以后，烽燧称"烟墩"或"火路墩"等。史料记载，蓟镇800余公里的防线，烽火信号可在三个时辰内传遍。

明代的烽制，举一烽，放一炮，表示来敌百人左右；举二烽，放二炮，表示来敌五百人左右；举三烽，放三炮，表示来敌千人左右；举四烽，放四炮，表示来敌五千人左右；举五烽，放五炮，表示来敌万人左右。

长城沿线，中部和东部地区人口比较稠密，关隘或城堡间的距离相对较短，伴随烽火传递信息，往往还辅以飞马传递军情，使情报更为准确。但是在西部地广人稀的地区，飞马传信难以实施，很多烽燧采取了连墩的构造方法。在宁夏镇长城防御体系中，十连墩非常常见，这使得烽火台可以通过不同组合形式发布信息量更大的信号。

烽火台通常建造在高耸的山峰上，或空旷无遮挡的平地上。烽火台也有夯土垒砌、块石垒砌、砖石垒砌之分，或者内部夯土外包砖石而成。大部分烽火台为实心墩台，少数是空心的。

6. 马面

又称城垛、墙台、墙垛。在长城墙体上，每隔一段距离，会有一个与墙体等高而突出墙外的平台，叫作马面。当敌人逼近长城时，守城军士无需将身体探出城墙，位于马面的士兵可以直接从侧面攻击敌人。

7. 垛口

又称女口、雉堞、垛口墙，是城墙顶部外侧连续凹凸的锯齿状矮墙。一般建在外沿（交战一侧），是与敌人交战互射时的掩体，缺口部位可用于瞭望。

8. 障墙

在有些段落，长城随地形起伏，守城军士的一侧就会暴露在敌人的视线和射程之内，障墙就是为使士兵在这种情况下免受敌人攻击的防御设施。有时当敌军攻上城墙后，障墙也可作为守军继续与敌人交战的掩体屏障。

9. 瞭望孔／悬眼

瞭望孔也称望孔，用于观察瞭望战况、敌情，一般开在垛口下方，有些孔的设计兼具向外射击的功能，即射孔。墙体上另一种叫悬眼的设施，又称礌石孔，是向斜下方开孔，便于当敌人逼近墙体时，守军直接观测到下面的敌情而不易被射伤的一种设计，亦可从此处滚落礌石，以杀伤敌军。

10. 水门

也叫水关，墙体上开设的过水设施，有时长城跨过河水或溪流，就会出现水关的建筑形式。水关顾名思义，即水上关口。有时也指穿城壁以通城内外水系的闸门。

除此之外，长城建筑结构中还包括马道、登城步道、射孔、礌石孔、排水设施、暗门等，共同组成了长城的铜墙铁壁。

PART 05
明朝戍边守长城的人和事

千年岁月已逝,长城留给我们的是绵延不绝的气势、雄伟壮观的豪迈,而当年那些守长城的人,那些拖儿带女在长城脚下落地生根的人,早已消失在历史的洪流中,甚至没留下什么印记。他们的生活是什么样的?他们有什么梦想和希冀?他们可曾想过离开?

一家老小做墩军

从鸭绿江到嘉峪关几千里的长城上,各式各样的墩台数不胜数,按照明朝军事纪律,每座台都有五名军士戍守,一旦发现敌人的动静,便燃烟放炮,将警报传递给下一处墩台。但这墩台多是沿边设立,很多地方并没有长城和天险掩护,甚至部分为了占据有利瞭望点而被孤零零设在远离驻军的山脊上。这导致守墩军士很容易被蒙古人偷袭,加上难以忍受的朔风苦寒,很多人时不时偷跑回驻军屯所与家人团聚。为此明王朝制订了残酷严苛的军事律法:"敢有下墩回家及虽近墩而不在墩者,无贼至,捆打一百，割两耳；有警，军法示众，该管官捆打、穿耳、连坐"，以试图阻止军人擅离职守。之后为了将墩军彻底束缚在墩台上，竟然将军人一家老小都送上墩台同守。

甘肃高台县附近出土的《深沟儿墩碑》便记载着被禁锢在一个叫作"深沟儿"墩台上的五户墩军家庭生活。但军人不想白白送死，既然逃不回内地，就索性和蒙古人打通关系，一时间边境上竟出现了"虏代墩军瞭望，军代达虏牧马"的奇观。

明万历年间（1573～1620年），为了整饬愈加废弛的北方军事体系，朝廷大肆修整、扩建长城。大将谭纶、戚继光鉴于边境上墩军风餐露宿的生存环境，在蓟镇、昌镇、真保镇修建了数千座空心敌楼，大幅改善了驻军条件。据记载，这些空心敌楼高大威猛，"下筑基与边墙平，外出一丈四五尺有余，内出五尺有余，中间空豁，四面箭窗，上建楼橹，环以垛口，内卫战卒。下发火炮外击敌人，敌矢不能及，敌骑不敢近"。为了增强边军战斗力，戚继光等将领还将不久前于东南沿海立下抗倭战功的浙江义乌军士调入长城戍边。这些军士纪律严明、久经战场，大幅提升了京师周边军镇的战斗力。

这些军士大都举家搬来戍边，有时一个家庭负责戍守一个空心敌楼。这些敌楼根据男人的姓氏被俗称为"张家楼""赵家楼"等。他们的子孙也在长城脚下繁衍生根。

但是，其余几个军镇却没有这样的好运。由于经费有限，那几个军镇对长城的修建只限于堡垒包砖和夯土墙体加固。明后期这些边镇的军将与敌人作战时一触即溃，这与边军的士气低落不无关系。

明朝人徐充在笔记《暖姝由笔》对这些墩军生活有着生动的记载：

> 边墙里墩台，四面壁立，高三丈五尺。每台守军五人，报事夜不收一人，炊爨一人。台上层有重屋，置四窗，四人各守一窗注望，虽饮食亦不暂离。鸡一，司晨。猫一，取眼以定时辰。狗一，警夜。皆有口粮。天明，先悬软梯，纵狗从梯而下，周视无虏，则人然后下汲。闲无事，俱习结网巾，双线劳密，价有值一二钱者。置台相度地形，相去一里以至三五里。边墙外濠二重，设栈坑，即所谓陷人坑也。鹿间有投其中，军人闻鸦鹊噪，出墙钓得之。

可见这个墩上生活着 7 个人与 3 只动物，几名墩军于墩台上的屋子里日夜守望，有趣的是这 3 只动物还各有其职责：鸡负责报晓，相当于晨起闹钟；猫可通过观察其瞳孔形状变化以确定当日时间；狗则是一个忠实的警卫，晚上守夜，白天第一个从梯子下去四周探查有没有埋伏的游牧民。边墙外设有壕沟陷阱，运气好的时候，会有鹿自投罗网陷入坑中，成了墩军改善伙食的材料。

信仰是困苦生活中微弱的亮光

长城内外严酷的自然环境、艰苦的生活条件、频发的战争，让戍边的百姓苦不堪言。他们把对生活的美好，寄托于神灵，将信仰作为精神寄托——对神祇的崇拜。为了供奉这些神祇，各个城堡里都会建造数座至数十座庙宇，从保佑国泰民安到提升生火做饭技术的神祇一应俱全。

这些信仰中，拔得头筹的是关公信仰。长城村落的军民们由于经常面对敌人的入侵，更加希望有强大的大神来护佑自己，关云长关二爷自然成了不二之选。民间百姓膜拜的是关公的强悍武力，而政府则更看重他的忠

× 背牛顶天梯之上的寺庙，河北秦皇岛抚宁区

义品质，于是关公所在的武庙等在沿边地带大受推崇，甚至超过了孔圣人受享的文庙，其所建造的位置也多在门楼或是靠近门口的地方，用以在敌人攻城时及时显灵庇护百姓。

值得一提的是，在万历朝鲜战争（1592～1598年）时，援朝明军甚至将关公信仰传入朝鲜半岛。朝鲜各地驻屯明军纷纷建立祭奉关公的庙宇，将士们对关公大行祭拜之礼。朝鲜国王曾大为不安，深恐奇特信仰带偏了国民，但转念一想，锦绣江山都被人占一半了，无论是谁只要能保佑打败倭寇就行。于是在明军带动下，朝鲜军民也崇拜起了关公，历代国王也时常去关帝庙祈求保佑，关公信仰在明军驻扎的半岛南部遍地开花。至今朝鲜半岛很多城市还有不少留存的关帝庙，香火不绝。

另一个流行于边境军民的故事为杨家将的传记。杨家将的故事当地百姓耳熟能详：七郎八虎闹幽州、令公撞死李陵碑、穆桂英大破天门阵、十二寡妇征西，各地以杨家将典故命名的村落关口更是数不胜数。

历史上杨、佘原是陕西神木、府谷一带的地方豪强，后于五代十国时期归顺于北汉政权，随着北汉政权覆灭又作为降将效忠于宋太宗。碍于这种降将的身份，杨业在战斗中屡屡遭到猜忌，而他又急于证明自己的忠诚，故每次与辽军作战都是仅率少量将士拼死相搏。著名的雁门关大捷便是他从小路绕道辽军背后瓮中捉鳖的杰作，但在后来的陈家谷口之战中因被同僚激怒采取自杀式攻击而殒命。宋太宗惊闻后悲痛惋惜，称他"诚坚金石，气激风云"，并追赠为太尉。杨业战殁不久，辽国治下的古北口一带便修建了杨令公庙，能为敌国将领立庙，足见辽国朝野对他的敬重。北宋著名文学家欧阳修称杨氏父子的故事"里儿野竖，皆能道之"，说明杨业战死几十年后，"杨家将"的故事雏形已经在民间流传开来。

直到杨业战死，历史与传说才勉强走向大致相同。后来他的儿子杨延朗、孙子杨文广都曾立过战功，再往后便寂寂无闻了。而民间传说则放开想象力，一直编排出了杨家将北面攻占辽国，南面讨灭侬智高，以及更为天马行空的"十二寡妇征西"，塑造了一个保卫国家、世代忠良的英雄主义家族。此种样板正是明王朝所期待的。明代中后期卫所制度崩坏，底层军士生活窘迫不堪，沦为将领的佣工，心怀不满的将士多次发动兵变。这时杨家将屡次遭受迫害，却从无怨言，始终心怀朝廷、忍辱负重，最终昭雪的"历史经验"让这些底层军士受蒙蔽的同时，也得到了微弱的希冀之光。

于是，各种与杨家将有关的故事在北方边境遍地开花，很多军堡、关卡更成了孕育杨家将传说的土壤。传说，杨六郎为了抵抗辽军的多点进攻，

✕ 古北口杨令公庙，北京密云区

将坐下白马拴在一处，将箭插在一处，枪扎在另一处，辽军看到他的器物不敢进攻仓皇而退，这三处后来分别得名白马关、插箭岭、墙（枪）子路。山西代县雁门关、河北唐县倒马关，更是传说为杨六郎领兵驻扎之地，就连远在西北的宁夏，也有十二寡妇征西被西夏军击败殉国的传说。

　　边境地区，佛教信仰与武将信仰并列而生，嘉靖年间，流窜至青海湖的蒙古土默特部落接触到了喇嘛教，部落上层阶级很快流行起藏传佛教信仰。控制土默特部的俺答汗几次入塞侵略，都会在供奉佛像的汉人家庭门前贴上禁止蒙古兵士骚扰的标识。死里逃生的汉人赶紧将这种保命方法传播开来，一时间，陕北、晋北一带军民拜佛保平安之风盛行。

✕ 打树花，河北张家口蔚县

即使民俗也带着军事色彩

明朝的卫所制度，将这些将士牢牢地束缚在边境上。初时一个最不起眼的屯田营寨，也可能逐渐发展成为颇具规模的村落。长城线上以"屯""营""寨"命名的村子大多是这些驻军的后代。随着戍边生活的稳固，村民逐渐不满足于单调的军营规定，开始追求更为生动丰富的生活，于是各种多彩而又极富军旅风情的边塞文化绽放在数千里的长城沿线上。

河北蔚县的"打树花"便起源于古老的边塞风俗，据说形成于 500 多年前的明弘治年间军民祭祀火神，求神祇保佑铁匠能打造出更为锋利坚硬的兵器。每年春节期间，正月十五前后，人们会将废旧锈蚀的兵器、农具等铁器收集起来，在高炉里熔化。等到夜间，民众齐聚在暖泉镇北官堡南门，反穿皮袄的艺人将 1600℃的铁水高泼洒到城墙上。烧红的铁水和冰冷的城墙激情碰撞，瞬间迸裂出成千上万道流星，形如光彩夺目的树冠。如今，"打树花"吸引周边数百里的游客前来观看，场地也从北官堡转移到了专业的封闭式场馆，可以从白天到黑夜连开几场，让游客大饱眼福。

除了庙会社火，军事色彩也融汇到民间活动中，晋北一带流行的"跑马城"游戏便是一例。这是一种斗智、斗勇、斗力的闯关守城游戏。在空旷之处，儿童们分为人数相当的两列，两列相距约十几米，相对而站，手拉手形成人墙。游戏开始时，甲队喊："急急令！"乙队喊："跑马城。"甲队喊："马城开。"乙队喊："打发格格送信来！"甲队喊："要哪个？"乙队喊："要某某。"甲队喊："某某不在家。"乙队喊："要某某某。"这时甲队的某某某便向乙队的人墙奔跑并猛力撞去，如果把乙队的人墙撞开，就赢回一个人带回甲队，如果没有撞开，自己就归为乙队。然后再由乙队先喊，反复进行，最后哪队人多哪队获胜。

第三章

昔日雄关今何在

长城自诞生起一路走来,两千年间,多少段落建了又毁,毁了又建。现在我们还能够看到的长城遗迹,大多为明代所建,其他朝代所筑之长城,由于年代过于久远,有的仅剩碎石残垣,更多的则完全消失,仅存于文献记载之中。即便是保存至今的长城,除了极小部分成为景区,被加以维护,日复一日迎接着南来北往客到此瞻仰,乃至声名远播,更多的静静匍匐于群山之中,以残破之躯与日月风霜为伴,偶有长城爱好者前来探寻旧时的踪迹。

PART 01
京畿锁钥，举国之力打造的金汤防线

作为最早向游人开放的长城景区，八达岭几乎已经成为中国万里长城的代名词。当人们说要去北京爬长城时，通常指的就是八达岭。毛泽东当年在《清平乐·六盘山》中有一句"不到长城非好汉"，尽管当时写的是宁夏境内的长城，但现在已成为八达岭长城的一个标签，这也加深了人们对八达岭的好奇与向往。如今，这段明长城中最具代表性的段落，吸引着世界各地的游客前来。

据记载，八达岭一带在战国时期就有修筑长城，现在仍能找到残存的城墙和墩台遗迹。而现今保留下来的八达岭长城，修建于明弘治十八年（1505年），是当时北京长城防御体系中的重要一环。被称为"玉关天堑"，也是明代居庸八景之一，有"居庸之险不在关而在八达岭"之说。

八达岭与距其十余公里的居庸关，一同拱卫着西北方进入京城的通道。盘踞于关沟山谷间的居庸关长城，风景极佳，拥有燕京八景之一的"居庸叠翠"。每年清明前后，居庸关周边山花怒放，长城就掩映在或白或粉的花团锦簇当中。此时，若乘坐市郊铁路S2线列车至此，将穿行于居庸关山谷间的花海之中，美景在侧，浪漫非常。因此，人们又将这趟列车称作"开往春天的列车"。每年都会有很多摄影爱好者和游客聚集在山谷两侧，只

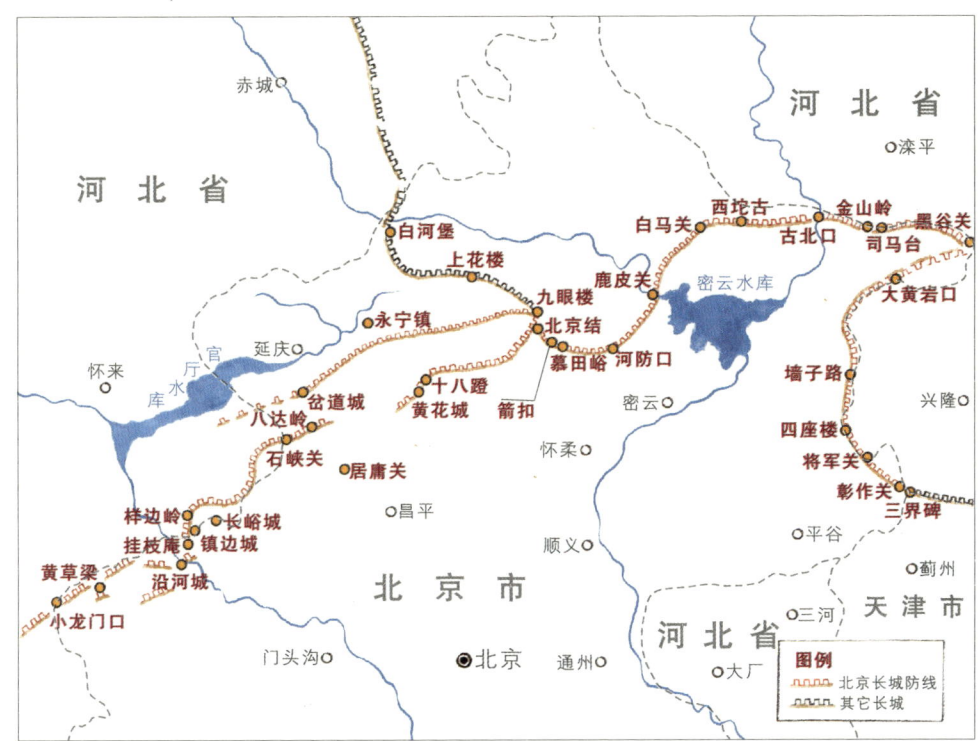

✕ 北京及周边长城分布示意图

为亲睹白色列车游于花海的美丽画面。

可曾想，今日风景迷人的关沟地带，在数百年前还是旌旗猎猎、寒光铁衣的战争前线，驻守此处的明军将士神经紧绷，时刻提防着蒙古军队来犯。当时京师防御体系中，分别扼守于西北的关沟防线和东北的古北口防线是最重要的两个防御组成，而八达岭就是关沟防线中的重要一环。

明朝集举国之力打造的京畿防线

明朝兴于江南,太祖朱元璋将首都设在鱼米之乡的南京,行通舟楫之便、坐拥天下之财。靖难之役(1399~1402年)后,燕王朱棣(1360~1424年)夺取了侄儿建文帝的皇位号永乐,为明朝第三任皇帝。年轻时就藩北平(今北京)的明成祖朱棣深恐南方根基不深,几经波折将首都从南京迁到自己的老家北京。由于北京毗邻敌对的蒙古部落,便形成了持续二百年的"天子守边"的奇特格局。为了守护距离边境线仅有百十公里的首都,明朝廷在燕山、太行山一带南北朝时期修筑的北齐长城遗存上大兴土木修建长城、设置戍堡,今日北京境内有九边重镇之中的蓟镇、昌镇、宣府镇、真保镇四个军镇拱卫京师,可谓是边墙龙盘于蓟北,猛将虎踞于京郊。

经调查,北京段长城长度达526公里,这条巨龙从平谷彰作关入境,蜿蜒飞腾经密云至怀柔慕田峪大角楼,皆为蓟镇管辖;继续向西从箭扣北京结分为南北两支,北支从不远处火焰山上的九眼楼开始为宣府镇管辖,途径延庆,奔向赤城一带而去,是为外长城;南支为昌镇所辖,横跨关沟,到挂枝庵而止,是为内长城;内长城跳过京冀交界的洪镇山,从沿河城开始再次才出现墙体和敌楼,后一直南下出京,是为真保镇辖区。

如此绵长复杂的防线,将每个关口平等对待,均设等量兵力戍守显然是不可能的,大部分的军力和关防建设,都配置在了几条重要的交通孔道之上,其中最为人们熟知的,当属居庸关、八达岭所在的关沟通道、密云东北的古北口通道,和太行山中的西山通道。这些重要的关口均有参将或守备把守,军士人数常达一两千人。关口和内地之间设置了完善的烽燧和人力传报系统,一旦遭到敌人进攻,相邻关口的士兵便会马上通过长城这条古代的高速公路赶来支援,内地的士兵也会开始迅速集结,准备支援前线。

× 居庸关关城，北京昌平区

居庸关，京师防御重中之重

位于北京西北的关沟防线，是京北的燕山与京西太行山的分界线，绵延50余里的山谷间逼仄狭隘，至极处"车不能方轨、马不能并行"。即使在修路工程极其发达的今天，从关沟直穿而过的八达岭高速也常常让司机们头痛，屡屡成为出京大动脉上的"血栓"。

别看如此踯躅崎岖，这条山路自古以来却是连通八百里太行东西两侧的八条大路（太行八陉）之一，被称为"军都陉"。自上古时代起，这里就是兵家必争之地，黄帝战蚩尤的"涿鹿之战"就发生在北口外，春秋战国时期燕国在山谷间建立关隘，汉代正式得名"居庸关"，金灭辽、蒙古灭金，都在这里发生过血战。可以说"得居庸关者，幽燕已获其半矣"。

即便山势险峻易守难攻，明朝对这条通道的建设仍不敢掉以轻心，毕

※ 关沟防线示意图

竟"土木之变"（1449年）时也先曾派兵攻打坐镇关沟的居庸关，若不是守军拼死力战退敌，恐怕历史已经被改写了。痛定思痛，明朝对这条关沟防线进行了大规模扩建，到了明中期，五十里的山谷间满满当当塞下了五道防线——北出口处是宣府镇管辖的南山边墙北口关和岔道城，向南不远则到了昌镇辖区，举世闻名的八达岭把守隘口，内长城由其两侧飞腾而上群山；再向南数里是上关城，此城为明景泰帝之前的居庸关城址，后由于地势狭小南迁新址；上关之南则是坐镇关沟正中的居庸关，今日行人驾车从关下通过，仍震惊于关楼之巍峨、城墙之宏伟，真可谓雄关天堑；山谷南出口把守最后一道防线的是南口关。这座关口原本怀拥两山，壮观程度不减居庸，可惜由于交通建设和山石开采仅剩短短一二百米城墙保存下来。

居庸之险不在关而在八达岭

八达岭位于北京西北60公里处，是军都山的一个山口，此山口为古"太行八陉"之第八陉"军都陉"。陉，即山脉中断的地方。南北走向的太行山有很多东西向的横谷，以轵关陉、太行陉、白陉、滏口陉、井陉、飞狐陉、蒲阴陉、军都陉为"太行八陉"，这也是古代山西、河北、河南三省穿越太行山脉互通的八条必经之路，是三省边界，也是重要的军事关隘。

军都陉中，八达岭与岔道城、上关、居庸关、南口关组成了关沟纵深防御体系。元代，八达岭所处之地被称作北口，这是与南口相对而言的。南口与北口之间，是一条长约20公里的峡谷。

关沟防线，两山耸峙，一道中开，地势极其险要，是大同、宣化通往

✕ 八达岭长城，北京延庆区

京师的咽喉要道，自古也是兵家必争之地，向以重兵把守。八达岭地势险要，又守以重兵，强攻不易取。从八达岭可俯视居庸，远眺京师，则古人有云"居庸之险不在关而在八达岭。"

关沟防线前前后后五道防线，从建筑角度说，称得上是铜墙铁壁了。但面对的敌人更为狡猾诡诈，他们在攻打正关不得的时候，往往会抄小路袭击明军防御薄弱的侧面。明军对此软肋也是忌惮匪浅。隆庆年间，总督蓟辽保定等处侍郎谭纶和总理练兵大将戚继光修建了内长城来守卫八达岭一线。

据《四镇三关志》记载：从石佛峪口到于家冲口，修建边墙二十四里，空心敌台四十三座，将关沟北部整个包围了起来。可惜如此一条防线也没能阻止明朝灭亡。明末军备废弛、兵无斗志，李自成的起义军由当地乡人带路，绕道西侧的石峡关攻取了八达岭，另一路军则攻下东侧的重镇柳沟城，继而从南北两面汇合包围了居庸关。守将唐通和监军太监杜之秩见势不好，投降了李闯王。京师门户为之大开，敲响了明王朝的丧钟。

古北口关，乱山入戟拥孤城

另一条交通要道则是京师东北120公里外的古北口关。此关始建于北齐天保年间（550～559），位于蟠龙、卧虎二山之间的谷地间，潮河水在山间回旋流淌速度缓慢，历代皆为游牧与农耕势力的分界线，是游牧民族南侵的主要选择。史载这里"通大川，平漫通众骑，极冲。"

明朝初年，为了防止残元势力反扑，太祖朱元璋命徐达等来修筑居庸关、古北口、喜峰口等处关隘以保卫北京。徐达在北齐长城基础上砌石块以增强防御能力，加修关城、大小关口和烽火台等关塞设施，并增修关门两道，一门设于长城关口北，称"铁门关"，仅容一骑一车通过；又一门设于关西潮河上，称"水门关"。1550年"庚戌之变"，蒙古俺答汗率大军攻入京畿，抄掠京师七日，便是由古北口破关而入。几年之后，戚继光总督蓟镇，在之前的形制上进行大规模扩建，在原城的东、西、南三面分别增设外城，并将长城墙体包砖，设置空心敌楼供军士驻守，很多驻军为戚大将军从浙江带来的义乌士兵。这次的修建弥补了古北口外平漫的劣势，使其更加难以突入。百多年之后，清朝著名词人纳兰容若随康熙皇帝车驾从此经过，因关口狭窄一行人耽搁了半天，于是他写下了"乱山入戟拥孤城，一线人争鸟道行"的词句。

✕ 蟠龙山长城的二十四眼楼，北京密云区

✕ 司马台长城的望京楼，北京密云区

✕ 金山岭长城的麒麟壁，河北承德滦平县与北京密云区交界处

今日的古北口虽已残破，但旧制仍存，左枕蟠龙、右牵卧虎、坚城似铁、寒川如练，真可谓气势独绝！古北口主城从北到南横亘着四道城墙，城西潮河川上原有两眼的水门一座，今已不存。河边守望的"姊妹楼"修葺一新，重现往日光景。一道支线长城从姊妹楼向西北而去，那里有长城上堪称孤本的三层敌楼一座。城东蟠龙山上敌台如云，有一座名曰"二十四眼楼"的巨型敌楼遗存，宏大的形制彰显着此地的重要性。再往东则是义乌士兵戍守的金山岭、司马台一带，他们都是跟随戚继光将军举家迁来戍边的，从此扎根边疆，将温婉的南方血脉融入苦寒的塞北。年复一年，对故乡的惆怅与思念化作驻军创作的源泉，激发他们在长城上留下了麒麟壁、大小金山楼、雕花门窗等多个带有江南风韵的遗迹，为北境糅进了柔美的江南风情。俗称"仙女楼"的高挑敌楼更是风姿绰约，在长城上添上一缕缥缈神秘的色彩；不远处的"巫女楼"则藏身山坳，阴晴不定诡异万分。

如今的古北口早已没了杀声震天，只有蟠龙、卧虎二山依然静静匍匐于谷道两翼，犹如两头神兽继续守卫着京师。

原本已慢慢沉寂于历史长河之中的古北口，没想到近年会以一座新落成的"古北水镇"蜚声海内。其实，这座名带"古北"的水镇并不在古北口关之下，而是坐落于关口东南方十几公里之外的司马台长城脚下。有人说古北水镇是"北方的乌镇"，也有人说，它打造的就是一个北方特色的水乡景致。

这座特色小镇将江南水乡风情带到了旌旗猎猎的塞北，为阳刚硬朗的长城增添了一丝妩媚。巧的是，这段长城在明代也是由江南军士所建造、戍守，数百年后，这座后人建造的水镇让这些当年的守卫者魂归故里。

慕田峪关，守卫京师北大门

坐镇古北口和八达岭之间的，则是另一处著名的关口——慕田峪关。这段长城高耸于北京市怀柔区巍峨的燕山山脉南端，南通京师，北控塞外，是出入燕山山脉的交通要道。明初朱元璋手下大将徐达在北齐长城遗址上草创这段长城，与东面的古北口和西面的八达岭鼎足而立，是拱卫京畿的军事要冲。明朝在这里设置守备一员、千总一员，把总两员，足见对这里的重视。这段长城建筑质量极高，功能结构完善齐备，底基为巨型块石搭建，墙体全部用青砖包砖，两侧都修建有女墙和射孔，空心敌楼密集分布，更罕见的是正关门由三座并排的空心敌楼联立而成，在经历数百年风雨后墙体轮廓依然完整，较好地体现了长城古韵。

✕ 慕田峪长城，北京怀柔区

今日的慕田峪告别了鼓角争鸣，东段重修后开辟为著名的"慕田峪长城"景区，吸引了数不清的游客前来游览。西面的"箭扣"部分则保持了原始状态，成为野长城驴友的游览胜地，因其山势险峻高低参差，长城在修建时也是煞费苦心，形成了今日驴友们口口相传的"鹰飞倒仰""小布达拉""天梯"等壮观景象。南面山脚下的几个村庄原是古代的驻军堡垒，现在摇身一变成了特色旅游民俗村，每到假日城里人驾车前来，只为吃一口当地特产——冰泉水养殖的虹鳟鱼。泉水里生长的虹鳟鱼，肉质鲜嫩，皮脆刺少，无论是烤制还是生吃鱼片或其他做法，都别有一番滋味。

除了这几条重要通道外，京畿防线上的其他次要关隘也经常直面外敌入侵。密云东面的墙子路关和大小黄岩口关便曾被蒙古土默特部的首领俺答汗攻破过。明末后金崛起，这里又再次遭到破关屠城，屡建屡毁。为了整饬密云防卫，明嘉靖二十九年（1550年）朝廷设置总督蓟辽、保定等处

⨯ 大黄岩口，北京密云区

军务兼理粮饷总督一员，开府密云城，辖顺天、保定、辽东三位巡抚，蓟镇、辽东、真保、昌镇四位总兵。

怀柔、昌平、延庆三个地区交界处的黄花城一带也是战略要地，为护卫西南十九公里处明皇陵"龙脉"。明朝廷不惜重金打造了一条纵贯十余里，前后设有三道关门和五座城池的纵深防线。正关西侧的崖壁上刻有边长一米多的摩崖石刻"金汤"二字，是这段长城的真实写照。今日一座黄花城水库淹没了大部分关城，但也形成了"长城入水"的绝佳景观，春日里漫山遍野的山桃花盛开，巨龙戏水花舞边墙，让游人流连忘返。

京西门头沟太行山一带在东侧出口设置了横跨两山的白羊城把守，西侧临近入口处则一口气设立了横岭、镇边、长峪三座城池，与外口的水头关成犄角之势互相协作支援。中间百多里的曲折山路上还散布着沿河口、爨里口、小龙门口等数十座关隘，昌镇、真保镇两座军镇各自派遣强兵虎将防卫这里，整个西山彻底被建成了一座大型军事迷宫。

延庆州，悲壮的血肉长城

坚不可摧的长城从东北西三面环卫着京畿重地，沿线军民们为保卫帝都付出了沉重的代价，然而这并不是最为壮烈的，北面的延庆州才是真正称得上"血肉长城"。延庆虽然明代为京师直辖州，但和京师之间的交通被燕山所隔，与宣化府却通过怀来盆地相连，走马半日即至。出于这样地理原因，朝廷将军事交由宣府镇统一管理。

该州南面是内长城，居中是经过谭纶、戚继光整修的关沟防线，敌人插翅难越。关沟以西大营盘山上的石砌长城虽是明初建造，但建造工艺极高，传说为当时修建长城的"样板墙"，被称作"样边岭"。关沟以东是有"金汤"长城之称的黄花城，前后三道关卡扼守北上南下的几条羊肠小道。只是延庆北面虽设有外长城守卫，可惜与内长城相比，外长城建造的材料粗陋简约，别说包砖了，就连墙体也是巴掌大的块石拼凑，久而久之已经坍塌为一摊碎石陇。敌楼更不用谈，整个外长城北京段的空心敌楼两只手数得过来，这条粗陋的防线就这样一直延伸到赤城县的独石口一带。

草原骑士们自然也懂避实就虚的道理，他们入塞侵略多选择防卫薄弱的赤城一带，破关之后南下直插无险可守的怀来盆地，沿着东西走向的盆地就到了延庆州。明嘉靖二十七年（1548年），俺答汗的大军采用声东击西之策，骗得宣府大军北上后直扑延庆。当地居民久不闻兵戈，完全没有抵抗之力，130多个堡子只有十几个劫后余生。第二年俺答故技重施，再次

✕ 延庆外长城上花楼及墙体，北京延庆区

入寇延庆，四下乡里劫掠一空。

之后，俺答又六次入侵延庆，守将只能靠几个坚固的城堡与之周旋，让俺答在广阔的乡间肆虐，几十年间延庆一带几乎家家戴孝、户户披麻。

面对如此惨剧，腐败的明朝廷不加强外长城的防御，却先担心起昌平延庆交界处的皇陵来。皇上大臣们一合计，赶紧在延庆和昌平之间修建一道南山路边墙和内长城作为双保险，敌人来了马上将延庆州的军士南调到岔道城、柳沟城协助昌镇防守关沟和皇陵。延庆本就兵微将寡，这一来更是将大片平原拱手让人，蛮悍的草原骑士在八达岭碰壁后，往往回头将怒气宣泄在兵微将寡的延庆军民头上。

PART 02
南山边垣,守护皇陵的豆腐渣长城

位于京郊延庆的柳沟,每到周末或是节假日,往来游人络绎不绝,其中有不少是专程前来品尝这里著名的"柳沟豆腐宴"。要说这豆腐,现在只是平常百姓餐桌上一道再普通不过的菜品,但回溯到两千年前的西汉时

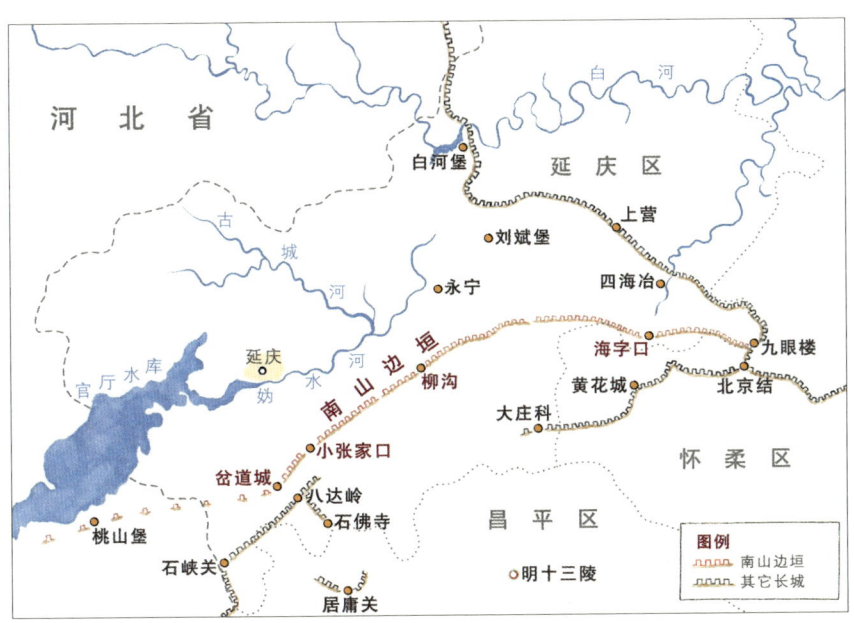

✕ 南山边垣分布示意图

✕ 柳沟城，北京延庆区

期，豆腐可不是寻常人家能品尝得到的。那时，一心追求长生不老的淮南王刘安（前179～前122年），在炼制仙丹的过程中偶然发明了豆腐，使豆腐成为了帝王将相餐桌上的美味佳肴。

后来，刘安没能长生不老，但他发明的豆腐却世代相传，还从宫廷王府走向民间。延庆的柳沟，就是将豆腐这种食材发挥到了极致，用各种方法料理成一桌佳肴，便有了豆腐宴。前往柳沟的道路两旁时不时就能看到写着"豆腐宴"的招牌，这里几乎家家户户都在经营以豆腐宴为主打的农家饭。

其实，柳沟除了因豆腐宴而名声在外，它还有另一个身份——一座名副其实的历史古城、军事重镇。曾经的柳沟是明长城南山路的治所所在，彼时城高墙厚，雉堞交错，辉煌一时。随着时间的流逝，昔日的重镇柳沟城已经没落，只剩一些夯土墙基和残砖碎瓦，遗落在荒草之中，仿佛一部史书的散页残篇。

明长城自辽东始,一路向西来到北京,在怀柔的箭扣分道而去:一道远上延庆赤城,是为外长城;一道盘旋而下居庸、入保定,是为内长城。这一内一外绕着京师北、西两侧建成了一道半环状防线。可内长城修到昌平时候却犯了难,这可是皇陵所在地,若是北面凿山筑墙,岂不坏了千秋万世的风水?皇帝大臣一寻思,决定干脆这段就跳过去别修了,改成种树。毕竟蒙古人都是骑兵,在林子里肯定施展不开,况且大明精兵强将,也断不会让蛮子们深入到这里。于是昌平镇的长城,便有了东起大庄科,西到石佛寺的三十多里断带。

奇特的南山边垣是这样来的

然而历史证明,再强大的王朝经历一二百年后,必然伴随着官僚机构臃肿和武备废弛,大明王朝也莫能例外。到了16世纪中叶,大明王朝早已今非昔比,边军沦为各将军、把总的家丁,哪里还谈得上什么战斗力?墙外的蒙古骑兵们隔三岔五就杀入长城内淫掠一番,如入无人之境,甚至放言要烧毁皇陵。这一大片树林没法抵挡敌军不说,反而成了蒙古军队焚烧皇陵现成的"柴火"。皇帝大臣们一合计,这边墙还是得修,但是不能修在宝山上,往北移十几里地,修在低矮的丘陵上,不妨碍风水。而且边墙不能修砖石的,会损伤龙脉,就改成土夯。

于是,明嘉靖二十二年(1543年),宣府巡抚都御史王仪奏请在皇陵之后修筑一道边墙。礼部和钦天监来相风水,得出的结论是:在九节(一

✕ 小张家口长城，北京延庆区

节大约5里）之外，无伤龙脉，可以修筑。不到两年，东起四海冶，西至八达岭北面羊头山的南山路边垣拔地而起，大致就是横亘在今日延庆区南部，长80公里，墩台14座，治所设在现在以豆腐宴闻名的柳沟城。

这道边墙修建之前，延庆地区并没有遭受过几次蒙古人的袭扰，承平日久，百姓见到修建长城，还以为不过又是个"面子"工程。这让当时的官员担忧地感叹："愚民不知，以为美观焉。"不料一语成谶，不久，嘉靖二十七、二十八年（1548、1549年）蒙古人俺答汗便两次率军攻破延庆，130来个城堡如棍子打枣一样被纷纷打掉，只剩下十余个堡子幸免沦陷。这两次入寇使得延庆户籍人口骤减，财产损失巨大。在此后十多年里，俺答又多次入侵，并攻入京畿一带劫掠。

修修补补的豆腐渣工程

嘉靖三十五年（1556年），兵部侍郎江东上奏，扩建之前草创的南山路边垣。这回的南山路边垣东起延庆四海镇的九眼楼，途径柳沟、小张家口、岔道城等地，最终西止于怀来龙宝山上，全长50余公里，是夹在内外两道长城间的一条补充防线，总共用银11万两。

如果说内外长城算是建造者徐达、戚继光这样的一线将领脚踏实地的心血结晶的话，那这道南山边垣只能算文人官吏纸上谈兵的劳民伤财之举。进入晚期的明王朝，国家机构臃肿低效，贪污腐败严重，就连重大的国防工程，拨款也免不了层层截留，到基层时早就所剩无几，导致这条防线建造得粗陋任性。东段勉强用碎石头堆砌成一条石埌，中段为了省材料选用了夯土，西段的怀来平原处，索性连墙都不造了，用数十个墩台排列一线便草草交差了事。文官们的想法很"丰满"——外敌来犯时候，我军主力列阵于联墩之下严阵以待，高耸的墩台则是弓箭手火铳手守卫，形成一条立体防御的金汤防线。然而事与愿违——见到风驰而来的蒙古骑兵，大明将士根本不敢迎敌。更别说这联墩处连墙都没有，将士们躲都没地方躲，一有敌情，早就望风而逃了。

与此同时，南面十几公里外嘉靖皇帝的永陵在经过十余年的修建后终于宣告竣工。这座皇陵为明十三陵中规模第二大，只是碍于礼制尺寸才稍小于明成祖的长陵，而用料考究、工艺繁复极尽奢华，为其余陵墓所不及，更有独一无二的一道外罗城。据记载，永陵营建耗银800余万两，是其他帝陵营建费用的二到三倍。

宣大总督王之诰首先上奏，南山和蓟镇山脉一脉相连，显然应该由蓟镇把守，宣镇愿把几千兵将借给蓟镇使用。蓟辽总督刘焘马上回复，蓟镇

× 南山联墩，河北张家口怀来县

兵马部署已定，不必增兵，友军不可推诿责任。兵部大员们只得出面调停，明确这重担就交给宣镇了，又安抚宣镇总兵，为国分忧，朝廷自然不会亏待，先给几百匹马用着。总算将这段防线归属宣镇管辖。

边垣西段东起岔道城，西止官厅水库南边的龙宝山，一般被称作南山联墩。这段大部分有墩无墙，防线后面还散落着一些屯兵堡垒，它们有的发展成了今天的村庄，有的则惨遭废弃。现今边垣中段大致为岔道城到柳沟一带，是守卫京师西北和皇陵的最后防线，建制等级较高，有了连续的夯土墙体。南山路设置参将一员，相当于分军区司令，平日坐镇柳沟。可能是豆腐宴太好吃了，军队也吃成了豆腐军，后来面对李自成起义军毫无抵抗之力。

边垣延至岔道东北不远是小张家口，这里不光名字与河北张家口市重名，连自然风光也是黄土飞扬、千沟万壑，完全不似京郊景色。

✕ 九眼楼，北京延庆区

南山边垣的门面：九眼楼

边垣东段和蓟镇、昌镇防区重叠，导致修建时用碎石草草搭起一道矮墙便交差了事，经历几百年风雨，如今已是一堆碎石垛。然而，最东边的蓟、宣、昌三镇交界处却修建起了明长城中体量绝无仅有的空心敌楼——九眼楼。原名火焰山墩的九眼楼，因体积巨大，每面开有九眼箭孔，在长城中独一无二，故得此名。这座楼子坐落于火焰山山顶，南面不远就是驴友们经常光顾的敌楼"北京结"，这一带是内、外、南山路三道长城的交汇点，九眼楼高居山巅、四顾俨然，有着极为重要的标志性和军事意义。从延庆四海镇来这里，路途颇为平坦宽阔，极为适合马车前往，大概也就是这个原因，被明朝官员作为视察的不二之选。

九眼楼于 2015 年旧貌换新颜，比之明代更为雄伟，敌楼四下摆放着十数通碑文，大都是当年的朝廷大员们饱览风光后留下的。当年这里迎来送往的盛况，由此可见一斑。现如今，每逢假日，久居城市的人们来到此处登高远眺，四面山势一览无遗，南面著名的"箭扣长城"历历在目。

整个南山路一线，在明朝灭亡后因失去了守护皇陵的军事作用而惨遭废弃，由于原本建筑质量偏低，现大都坍塌残破，只有九眼楼、柳沟城、岔道城等寥寥几个城堡得到维护修缮，这其中不乏很多值得观览研究的地方，等着被保护和开发。

PART 03
蜿蜒入海，戚继光打造燕山长城

驱车从北京市内出发，沿 G45 高速向东北方向行驶大约两小时左右，便来到了位于北京密云区和河北承德市交界处的金山岭长城。这条巨龙盘旋于巍峨的高山之巅，龙脊上林立的空心敌楼如时刻保持警惕的卫兵，注视着山下的一举一动，让游客刹那间仿佛回到刀光剑影的明代边塞。

晴日傍晚，游人散尽，摄影爱好者纷纷架起长枪短炮，静静等待最后一道日光打在沧桑的城墙上，将青砖白石的墙体染成金色，这就是著名的景致"金山夕照"。

万里长城，金山独秀

金山岭长城始建于明洪武年间，为徐达主持修建，后来谭纶、戚继光主政时又有所增修。这段长城是明长城中的精华段落，依山造势，跌宕起伏，西起龙峪口，东至望京楼的金山岭长城，全长 10.5 公里，有关隘 5 处，敌楼 67 座，烽燧 3 座，以敌楼密集、结构精巧、建筑精美，军事防御体系健全、

✕ 蓟镇燕山长城分布示意图

保存完好著称，素有"万里长城，金山独秀"的美誉。

障墙、文字砖和挡马石是金山岭长城的"三绝"，也是研究明代军事史、长城历史的重要史迹。障墙是在长城墙体之上的建筑结构，起到保护守城士兵的作用。挡马石是在长城防御一侧墙体之外的一道或几道石墙，作用是阻止敌军骑兵战马的前进。而文字砖则是在戚继光督建长城时的产物。他命令建造长城的砖块上刻上烧制时间和负责烧制的部队番号，以便在出现质量问题时可以追责。

不过，金山岭长城只是众多坐镇燕山山脉之中的雄关其中之一。

燕山长城，就沿着燕山山脉逶迤而建，直至山海关，由一段入海石城直插渤海，在昌镇分出以前，燕山长城总长超过了1000公里。也正因此，燕山山脉中坐落着许多著名的雄关，黄崖关、金山岭、八达岭、古北口等。

戚继光修长城

游览过这些长城的人也许会发现，在这些雄关之下，经常看到立有一座雕像，虽然所用材料不尽相同，人物造型也神态各异，但全都表现的是同一个人——戚继光。

明朝后期，南方倭寇肆虐的同时，北方长城沿线也饱受蒙古部落入侵。隆庆初年倭寇刚平，朝廷便急忙宣调戚继光北上蓟镇担任总兵，并总理蓟、昌、真保三镇练兵事宜，三镇总兵官以下皆听从他的命令，这一任命为明长城带来了革命性的改变。

戚继光，字元敬，山东蓬莱人，生于嘉靖七年（1528年），卒于万历十五年（1588年）。戚继光自幼胸怀壮志，十六岁时继承祖先的世袭职位，任登州卫（今山东蓬莱一带）指挥佥事。当时正值倭寇骚扰东南沿海地区，他下大力整顿辖地军务，在山东和倭寇作战屡获战功。由于出色的表现，几年后他改任浙江参将，署理绍兴、台州、宁波军事，从此站在了与倭寇作战的第一线。

初到江南，他便发现当地卫所军士久不习阵战，战斗素质低劣且贪生怕死。而且相对于倭寇高超的单兵作战素质和临场应变能力，明军墨守过时的阵法拙于变化。为此他特地从金华、义乌一带招募果敢勇毅的矿工三千人，充做新兵操练新式阵型。这个阵型以11人为一个战斗小队，各执不同的兵器，长短混用不拘一格。为了克制倭寇锋利的日本刀，戚继光发明了一种叫作"狼筅"的兵器，用毛竹削尖枝条，做成类似长把扫帚形状。作战时，将狼筅往前一摆万刺齐出，倭寇刀再锋利，也不能一次砍断所有枝条，成为小队防守的利器。这个阵型变化莫测，特别适用于江南不适宜大规模布阵行军的地区，因其行军时以两个五人小组的形式左右列队，如同鸳鸯形影不离，被称为"鸳鸯阵"。在经过数年经营之后，戚继光先后取得台州之战、牛田之战和仙游之战等重大胜利，到嘉靖末年基本肃清了东南沿海的倭寇侵略者。

戚继光在蓟门练兵时，亲自到长城一线巡查，发现前朝修筑的边墙不仅低矮单薄，而且有很多已经倾颓，如此工事根本无法抵御蒙古骑兵的攻势。除此之外，长城沿线很多砖石建造的战台，战斗中不仅不能保护士兵，反而容易被敌军施放的远程武器命中，不利于防守。

于是，他提出在蓟镇全线大量兴建一种新的空心敌台，也称作敌楼，前身是他镇守台州时在城墙上建造的二层中空城楼。敌楼在战斗中既可以有效保护士兵，起到堡垒和瞭望台的作用，在非战时也可储存武器等物品或供守城军士居住。筑城的材料也换成了青砖，并且在砖块上刻有烧制地点和负责工匠的姓名，这种责任制使得制砖环节更加可靠，长城整体质量大幅度提升。今日北京周边常见的青砖长城多为那时建造。不仅如此，戚继光还亲自督建，并调集训练有素的戚家军执行修建任务。由此，蓟镇的长城修筑水平之高，列九镇之首，建筑形式也有了一个质的飞跃。在戚继光镇守的16年中，蓟镇边备修饬、雄关林立，游牧骑兵占不到半点便宜。

戚继光不但在军事方面颇有建树，也懂得借助同朝故交的力量。他与

✕ 慕田峪长城典型的空心敌楼，北京怀柔区

朝中重臣交好，尤其是万历皇帝的老师——内阁首辅张居正，因此，他的主张得到了朝廷的大力支持。只可惜张居正去世后遭到政敌清算，戚继光也被列为党羽遭到弹劾，先是被调往广东，后又遭罢免。回乡后郁郁病逝，享年60岁。戚继光戎马一生，将生命的四分之一献给了长城。他在抗倭和长城防务中的贡献已经载入史册。

天下第一，山海关

蓟镇所辖的山海关为今人所熟知，除了"天下第一关"的响亮名号，也得益于"恸哭六军俱缟素，冲冠一怒为红颜"诗句的传播。这句出自明

× 山海关，河北秦皇岛市东北

末诗人吴伟业《圆圆曲》的诗句，描写了吴三桂痛失爱妾陈圆圆，怒献山海关的情景。

  山海关又称榆关、渝关、临闾关，有着"两京锁钥无双地，万里长城第一关"的美誉。洪武年间由大将徐达奉命前往修建，因依山襟海，得名"山海关"。戚继光出任蓟镇总兵之后，特别加固了此处关隘并增修敌楼，修筑入海石城"老龙头"，把山海关建成了一个固若金汤的全封闭防线。

  明末，后金政权崛起，几年间鲸吞了整个辽东镇，山海关和关外的几座孤城成了战事频发的前线。明熹宗天启四年（1624年），大将袁崇焕于关外一百公里处主持修筑了宁远城，成为抵抗后金军的一道坚盾。天启六年（1626年），努尔哈赤亲率13万大军，兵指山海关，攻打关前重镇宁远。袁崇焕率军苦战3日，重创后金军，杀敌17000人，史称"宁远大捷"。努尔哈赤在宁远遭受了用兵以来最惨重的一次失败，不得不含恨退兵，半年后郁郁而终,也有说法是努尔哈赤在宁远之战中受了炮伤不治而死。总之,可见宁远城在抗击外侵时的重要作用。在袁崇焕的坚守下,后金始终望山海关而不能入,只能另寻他路。只可惜此时明朝廷不仅昏庸无能,还中了后金的反间计,以为袁崇焕里通后金,将他凌迟处死。辽东的守卫再也无力抵抗后金的进攻。

关宁防线在袁崇焕被处死后仍然固若金汤,后金军在此后的十几年中依然望而却步,不得不寻找长城线上其他防守薄弱的关口进攻。

崇祯十七年(1644年),闯王李自成(1606～1645年)的农民起义军兵不血刃地控制了京师,崇祯帝于煤山歪脖树下自杀,风雨飘摇的大明终于咽下了最后一口气。没了皇帝,明朝的文官武将争先恐后向李自成宣誓效忠,其中就有山海关总兵吴三桂。

原本,吴三桂镇守在宁远卫城,是山海关前的一道防线。李自成率领的大顺军直逼北京的同时,吴三桂奉命率军入关保卫京师。为了防止宁远落入清军之手,吴三桂命人一把火烧了城池。但行至半途惊闻大顺军已攻破京师,崇祯帝自缢,吴三桂只得返回山海关。李自成命人到山海关劝降,吴三桂思虑再三后决意归顺,遂率部进京。怎料半路上得知在京的父亲被起义军拘押拷打,爱妾陈圆圆被李自成的部将刘宗敏霸占,吴三桂勃然大怒,转身复回山海关,拒降李自成。当然,这其中不乏后人杜撰或戏说的成分,清朝人编撰的《明史》中并无"冲冠一怒"这一段。

李自成得知后,亲率大军六万向山海关进发。吴三桂恐不是大顺军的对手,于是遣使向清军求援。

当山海关即将被李自成军攻下时,清军已行至离山海关关城仅二里之地。危情之下,吴三桂率数骑直往清军大营,率先剃发易服跪降多尔衮。于是,清军和明军合力与李自成的大顺军展开大战。寡不敌众的大顺军不得不撤

※ 一片石关，辽宁葫芦岛绥中县

退，同时山海关关门大开，大批清军进入了关内。

山海关建关后的二百多年间，从未失守过，此前，蒙古部落和后金政权不知道多少次叩关而来均未成功，吴三桂的开关献城，不仅令山海关失守，更导致大明江山易主为清。

这场大战决定了中国未来数百的历史格局。大顺军精锐遭受重创，退回西安，未能东山再起。入主中原的大清，成为了这片土地新的统治者，大明王朝落下了帷幕。

大战的主战场在山海关关城及周围的南、北水关处，但战斗期间，在其北面20公里处长城线上的"一片石关"还发生过一次大顺军和关宁军的局部战斗，历史上一度将此处误传为大战的主战场，称作是"一片石之战"。

"一片石关"又叫"九门口关"，在山海关古城北部二十余里的冀辽分界处，号称"京东首关"。"一片石"这个名字的来由是因为当时工匠为了稳固河床，在关口下的河床上铺了大约 7000 平方米的过水条石，这些条石全部纵向铺就，条石边缘凿有燕尾槽，用铁水浇铸而成燕尾形的铁楔相连接，使这些条石连成一片巨石。通常，宽阔的河流在遇到长城时候便会出现分流，但在这里是个例外，工匠们在巨石铺就的河床上建有并排的泄水门九座，长城墙体从水门上方跨河而过，门洞内设铁栅格挡进犯的敌人，因此这里又别称"九门口"。这个在整个长城体系中绝无仅有的建造形式，使敌人利用冬季河水结冰时突破长城防线的可能性大大降低。

"闯关东"是另一个与山海关有关历史名词，这是中国历史上一次著名的人口大迁移。旧时，山海关的关城东门以里被称作关里，而关门之外就是"关东"地界了，"闯关东"就从这里出发。清军入关后，满族兴起的东北被视为"龙兴之地"，严格禁止汉人进入东北垦殖，故沿东北地区边缘深挖壕沟，沿壕植柳，谓之柳条边。但关内各省以山东、直隶为主，一旦遇到天灾，百姓灾民宁可冒着受刑罚的危险，也要"闯"到关外谋求一条活路。中国人相信一句老话"树挪死人挪活"，于是又形成"闯关东"的大潮。这股"移民潮"自 19 世纪中叶以后，愈演愈烈。

"黄崖夕照"的黄崖关

明长城从平谷彰作关出北京，向东迤逦而来，盘桓十几里后抵达黄崖关。

黄崖关是蓟县与河北兴隆县之间的交通要道，位于天津蓟县最北端约 30 公里处的东山上，为明代蓟镇长城的重要关隘，始建于北齐天宝七年（557 年）。明代戚继光总兵蓟镇时，将原有长城做了重新设计并包砖重修，全

✕ 黄崖关长城，天津蓟县

段长城修建在海拔 700 余米的山脊上，参差错落，巍峨壮观。

　　黄崖关城前的牌楼，始建于明天顺四年(1460 年)，正面书"蓟北雄关"，背面书"金汤巩固"。关城的入口上方悬有戚继光题写的"黄崖口关"四字巨匾。泃河从关城穿城而过，长城从关城向泃河两岸延伸开来，东至半拉缸山，西抵王帽顶山。东山石崖多呈黄褐色，每当日落时分，在夕阳的照射下映出万道金光，素有"黄崖夕照"之称。"黄崖夕照"也被列为蓟州八景之一。黄崖关是蓟县境内唯一的一座大型关城，当年李自成见黄崖关之险有如雁门关，曾称之为"京东雁门关"。

　　黄崖关这段长城虽然不是很长，但结构多样，城墙不仅有青砖和条石筑成的，还有块石等筑成的。敌台的数量虽然也不算多，形式却也呈现出多样化，根据地形和走势，大小不一，分砖筑与石筑、方形与圆形、空心与实心等。

在黄崖关长城段落中,有一座著名的"寡妇楼",这个名字的背后有着一个凄美的的传说。相传戚继光在修建黄崖关长城时,曾调了一支河南籍的士兵来施工,这些士兵的妻子在家乡苦等数年不见丈夫归来,也没有音信,于是结伴到边关寻夫。当她们历尽艰辛来到长城跟前,得到的却是丈夫已死的噩耗。悲痛万分的妻子们在丈夫的墓前痛哭,恰巧被前来巡视的戚继光看到了,戚继光问清缘由后,除了慰问之外,还发给每人一笔抚恤金,让她们回去后好好抚育子女,赡养老人。经过商议后,妻子们决定继承夫志,为国分忧。她们将抚恤金献出,用于修筑长城,并且自己也留下来参加长城的修建,最终,这座敌楼拔地而起。为了纪念这十二位女子的深明大义,人们将这座楼称作"寡妇楼"。如今,黄崖关长城景区中,寡妇楼已更名为"巾帼楼"。

PART 04
中原屏障，隐秘的太行山长城

　　八百里太行山，巍峨雄奇、壁立万仞，山脉间有被称为"太行八陉"的八条险峻狭窄的山谷孔道连通，每条孔道两侧都是摩天耸立的悬崖，崖壁上参天的古树遒劲生长，数不清的飞禽走兽跳跃嘶鸣。深幽的山峡深处常伴有清泉净流从山腰间迸流而下。各条山路旁极富太行风韵的古关隘、古寺庙、古民居和神奇的"挂壁公路"让巍巍太行更具有文化内涵。鲜为人知的是，在这连绵太行之上还隐藏着一道纵贯南北的长城。

修在中原腹地的长城

　　明初，燕王朱棣于北平起兵，一方面要与建文帝斗争，另一方面，还要防备背后赤峰一带宁王朱权的偷袭，毕竟宁王御下的大宁都司以骑兵为主，实力不容小觑。燕王略施小计，轻骑简从到了大宁城下，对着城头的宁王痛哭流涕，诉说自己本无谋反之心，完全是被奸人陷害不得已起兵自卫，宁王感动之余，赶忙接燕王进城，二人互诉往日手足之情。几天后，燕王

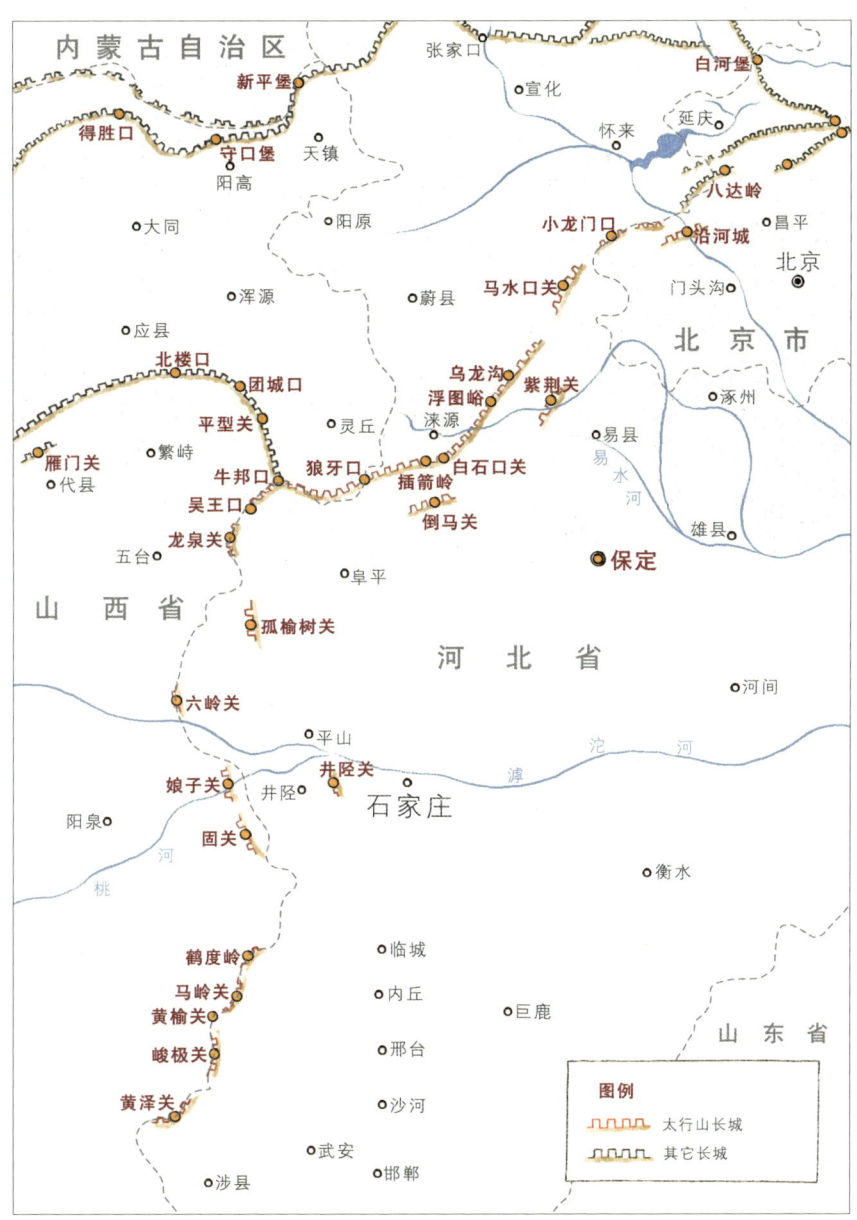

✕ 真保镇太行山长城分布示意图

沿河城，北京门头沟区

告辞离去，宁王送别到城郊，却遭到埋伏已久的燕军袭击，燕王兵不血刃拿下大宁，一把火烧了城池，将宁王的军士尽数编入燕军，后又把大宁都司南迁到河北保定，这便是真保镇的前身。

其时大明国力鼎盛，中原腹地的军事建设以治安为主，也就完全没有修建长城的必要。可惜，土木之变后，也先挟持着被俘的明英宗避开北方重镇居庸关，攻破太行山中段的紫荆关进入河北，与明军激战于北京城。

虽最后明军在兵部尚书于谦的率领下奋勇杀敌，击退也先取得北京保卫战的胜利，但明朝国势从此一落千丈，再无与蒙古人决战漠北的实力，全面进入战略防御。

此役后京师周边的防御系统开始扩建，大宁都司辖区内的太行山一线起到拱卫京城的作用，自然成为重点建设区域。明代宗即位后第二年便将紫荆关扩建，又一口气新建了五十多处大小山口关隘，北起门头沟山区的沿河城，南至邢台数道岩口，绵延 850 公里。其中紫荆、倒马这两个关口形势最为重要，与昌镇的居庸关合称拱卫京都的"内三关"，自此太行山上出现了明长城的雏形。

紫荆关

位于河北省易县城西 40 公里的紫荆岭"十八盘"山路的最顶端，紫荆关其早在战国时代便已建关，汉代名"五阮关"，宋名"金坡关"，后因山坡多紫荆树改名"紫荆关"，是守卫太行咽喉的重要关隘。

土木之变后，也先取道紫荆关后包围了北京城，足见其军事地位重要性。为此，明朝在土木之变后对其进行了持续二百多年的扩建，最终形成了三重城墙和东西翼城，以及拒马河北岸一座"小金城"护城的格局。

近代，由于修建公路，紫荆关一度仅剩北门、南门和内城、部分外城遗址和城西两座空心敌楼残存。近年政府对紫荆关实施抢救性修复，恢复了南天门和内城、外城多段城墙，使得昔日雄关重现于滔滔拒马河畔、巍巍太行山间。

倒马关

位于河北唐县西北 60 公里的倒马关村，战国时置，称鸿之塞，汉代称常山关，北魏叫铁关，亦名鸿山关，明代以后通称倒马关。相传宋朝杨六郎曾驻守在这里，由于关城形势险峻，街道陡峭，他的战马竟然打了个出溜向后倒下去，故称倒马关。

现存倒马关城始建于明景泰三年（1452 年），整座关城依地势而建，唐河水由西、北、东三面环绕关城而流，平面呈东西长方形，一半于山下，一半在山上。

和紫荆关一样，由于阻碍了公路建设，倒马关的城门如今已被拆除，仅余一小水门幸存，城墙更是百不存一，连残基也难寻。

终成重点防御区域的太行山长城

明嘉靖年间，蒙古土默特部兴起，首领俺答汗在山西白莲教叛徒赵全等人的引导下，避实就虚，多次攻破明朝北方边境，兵锋深入数百里，在河北、山西、陕西一带烧杀掳掠，几次冲击紫荆、倒马等处，就连京师也遭到围攻，史称"庚戌之变"。为了阻止俺答横行防卫薄弱的中原腹地，明廷开始大规模扩建长城，太行山一带也成了重点布防区域。明嘉靖三十二年（1553年）在原大宁都司的基础上建立了真保镇（保定和真定合称），下辖紫荆关、倒马关、龙固关（龙泉关和固关）三路，后为加强京畿防御，又将今日涿鹿县境内的马水口关升级为路城。这几个关口的军事长官原本只是些千户把总，后升级为守备，再升为路城参将，相当于现在的分军区长官，可以和地方府州大员平起平坐，足见朝廷对太行山军事防御的重视。

固关

原名"故关"，嘉靖年间因原城狭小，于西侧十里处择地另建新城，改"故关"为"固关"，也称"新关"，与阜平县的龙泉关统称"龙固关"，设参将一员。

固关长城北起娘子关嘉峪沟，南至白灰村村口，全长20公里，是国内

✕ 固关，山西阳泉平定县

保留较完整的石砌内长城，著名长城专家罗哲文称之"有小八达岭之风韵"。固关扼守山谷要道，今日关门下的条石板路仍可见古代车辆往来所刻下的车轴印，山谷通道两侧散落着多座格局完整的"石头村"，东面数里外的小龙窝村山壁上还存有古代摩崖塑像数尊，足见旧日繁华。

　　清末，固关开始衰败，关堡建筑逐渐颓杞。20世纪八九十年代修建太旧高速，将本就残破的关城又切断了数十米，好在1998年得到修复，复原了瓮城、关楼、敌楼等建筑，重现了往日风采。固关之南的长城上，再无如此规制的关城了。

娘子关

　　位于山西阳泉市，有"天下第九关"之称的娘子关可能太行山一线最为人们熟知的长城段落，相传唐朝时高祖李渊之女平阳公主曾经率三千女

娘子关，山西阳泉平定县

兵驻扎在这里，故而得名，算是为男性所主宰的战争加入了一丝温柔的色彩。这座城池为明嘉靖二十年（1542年）所筑，有东、南关门两座和长约650米的城墙；东城门为砖券门洞，雄伟坚固，门洞上方镌刻"直隶娘子关"五个字；南城门，也称内城门，城门楼上高悬有"天下第九关"匾额。整座城池扼守狭长的太行山峡谷正中，有"一夫当关，万夫莫开"之势。一条古道蜿蜒起伏，从城中通过，这便是著名的"秦皇古道"，相传秦始皇巡视天下，汉初韩信背水一战，走的就是这条道路。

这段长城处于连接晋冀两省的交通大动脉上，明亡之后被沿用下来，未曾遭到严重损毁。如今这里的交通早已不是车不能方轨、马不能并行的古时模样，一条省道连通太行山两侧，交通大为便利。然而，一辆辆满载着山西煤炭、河北石灰的大货车呼啸而过，娘子关就这样被扬撒上或白或黑的粉尘，终日灰霾漫天，满目土石之色。

太行山石堆砌的长城

明隆庆、万历年间,抗击倭寇声名鹊起的戚继光被调任北方,总理蓟、昌、真保三镇练兵事宜。戚大将军在三镇大修边墙,建设海量空心敌楼取代原先的实心敌台,最终形成了今天北京附近的明长城格局,大幅改善了戍边军士的战斗环境和能力。真保镇在这次大工程中也旧貌换了新颜。

现存的真保镇长城以马水口、固关为节点,各段长城风貌有很大差异。北部段落毗邻京师,得到了重点建设,大量空心敌楼拔地而起。与蓟昌二镇别具形制的空心敌楼相比,真保镇这段时期修建的敌楼大体结构雷同,均为3×3或3×4的方形建筑。由于太行山是绝佳的石材产地,这里的长城墙体大多为大小毛石垒砌,除个别关口段落外均未包砖。作为京师西南最重要的防线,关口建设也大兴土木,不少名关要隘即使今日看来仍然威风不减。

这部分长城现今有着很多较为完整的段落,北京境内的沿河城是真保镇的北端点,坐落在永定河南岸,几座标准的真保镇空心敌楼如金钉般钉在河谷两侧,牢牢守卫着永定河。沿河城以西多为连续峥嵘的群山,敌人难以翻越,除黄草梁上的"七座楼"外未建有多少连续的墙体,只是在两山之间的通道处设置了爨里口、洪水口、小龙门等小型隘口,由于阻碍交通,今大都被拆除。

从涿鹿境内的马水口开始,真保镇长城出现连续厚重的块石墙体和空心敌楼,墙体走势连续,敌楼密度极高,一路南下经过涞源境内乌龙沟、白石口、狼牙口等处,直到阜平境内的龙泉关为止。

值得注意的是,这里有二十多座敌楼为戚继光修筑的早期敌楼,上下两层之间用的是梁木结构而不是后来的砖拱券。由于经年累月的风雨侵蚀,

✕ 马岭关烽火台，河北邢台西部太行山脉之中

✕ 鹤度岭，山西晋中昔阳县与河北省邢台内丘县交界的山梁上

木结构腐朽坍塌，形成现在的"镂空"样式。

　　这部分长城墙体大都位于群山之间，属于人迹罕至的太行遗珍，侥幸地躲过了历次拆毁。而著名的紫荆关、倒马关却大变模样，昔日紧扼要道的雄关要隘在现代化的公路建设中因挡住去路曾遭拆除，现在已重新维修，部分恢复往日雄姿。修葺一新的关城牵山踏谷，俯瞰着脚下的高速国道，游人驱车至此，无不震惊于雄伟的关城和险峻的山势。

　　龙泉关以南到固关一线上，连续整齐的墙体再次消失，就连空心敌楼也难觅踪影，显然在万历年间大修空心敌楼、整饬墙体的时候未能惠及。这一段落数十个关口大半为弘治、正德年间所建，选址多在逼仄的山谷间与河口处，仅设矮小的关门和两侧数十米到百米不等的石墙，其中以石家庄市平山县的孤榆树隘口为代表。这其中也不乏娘子关、固关这种扼守"太行八陉"的重要关口，时至今日仍为晋冀两省间交通大动脉。

　　固关以南的段落可就没那么幸运了，明朝廷觉得就算蒙古人再蛮强，也不会深入到如此腹地，何必浪费巨资去大兴土木。于是南面一直到数道岩口几百里的防线大多只是沿用前代建成的部分，就地取材建了几段山石墙和实心墩台，能够防守个别间谍和小股敌人便可。这部分长城只在各个关口附近设置数段墙体，未能与整体连接不说，且建筑简陋，关城和营房也全部用石头搭建。

　　鹤度岭、马岭关、支锅岭等关口为这段长城的翘楚，它们建立在群山之巅，俯瞰八百里太行，粗放硬朗的关城别具雄浑沧桑之感，山石搭就的关城与壁立万仞的太行山相得益彰，乱云飞渡气吞万里。

✕ 白石口，河北保定涞源县

发生在太行山防线的战争

真保镇的太行山防线在战争中得到多次考验，成功破关而入者如也先，铩羽而归者如俺答，但最值得一提的当属明末崇祯七年（1634年）发生的一次战斗。是年七月，清军攻入大同，一路势如破竹，几入无人之境，闰八月时试图翻越太行山进入河北，在竹帛口与守军交战，杀千总张修身，之后继续进攻。在经过吴王口时与明守军发生激战，战况惨烈，最终清军被击败慌忙逃窜。

击败敌军后，井陉兵备副使孔闻诗和吴王口关总杨天受巡查战场，自豪地写下了记述这次战斗的文字，刻在敌楼墙壁上，并命名该楼为"小蓬莱"，表达出官兵奋勇杀敌的经过和对祖国大好河山的热爱之情。

不光在太行山上，真保镇对于无险可守的平原地区军防建设也是煞费

× 乌龙沟长城，河北保定涞源县

苦心，甚至应用起了西方防御技术。明朝末年，东西方文化交流逐渐频繁，随着西方经济、科学、宗教一并到来的还有军事技术，其中为今人耳熟能详的就是摧坚城、拔硬寨的"红衣大炮"了，而早已在欧洲取代笨重城墙的无死角防御利器"棱堡"却甚少人知。徐光启等积极引进西方技术的官员多次倡议在辽东前线上修筑西洋棱堡，但朝廷对此将信将疑，虽有批复择地试建，却终未能彻底执行。反倒是内地的真保镇开风气之先。雄县地方官员马维城在县城墙上增设了棱堡式炮台，并马上得到检验。

崇祯十一年（1638年），清军再次入关，先后攻破畿辅48城，唯独到了雄县铩羽而归，时人谓之"守城获效"，这其中棱堡起到了重要作用。可惜这种经验没来得及推广，明朝便在清军和农民军的夹击下灭亡了。几百年后这段城墙和棱堡也被拆得一干二净，雄县便这样遗憾地失去了改变大明命运的机会。

昔日雄关今何在 ——— 131

PART 05
京西门户，张家口地区的长城

沿着繁忙的京藏高速驶出北京，驶过碧波荡漾的官厅水库、昂然独立的鸡鸣山和一座座葡萄园，大约一小时车程便能远眺到一座规模硕大、宏伟的古城——宣化古城。这座古城依山傍水，一条周长12公里的古城墙环绕着老城区，城内商业步行街和机动车道比邻交错，摩天大厦和古旧民居相映成趣，钟楼、鼓楼和南门楼这著名的"宣化三楼"上游人如织，一派兴盛喧闹的景象。夜幕降临，来鼓楼下的夜市，吃一块糯软的宣化黄米糕，品一口醇厚的本地啤酒，日子便从杯盏间溜过。

曾经京西防线的咽喉——宣化古城

宣化的建城史往上可一直追溯到东汉，到了明朝改为宣府，以该城为镇守府设立了九边重镇之一的宣府镇，也称宣镇。到了清代，易名为宣化府，辖区大致与今日张家口市重合，但由于清代贸易、政治格局的变迁，宣化府的重要性逐渐下降，现已成为张家口市下辖的宣化区。

✕ 宣镇张家口长城分布示意图

  这座军镇居京师之西北，明代管辖的长城范围大致为今张家口和北京延庆一带的外长城及南山路边垣。因扼守洋河谷地，是怀来盆地与蒙古草原连接之处，朝廷格外重视，将其完全变成了屯军之地。明代人称这里"南屏京师，后控沙漠，左扼居庸之险，右拥云中之固"，终明一朝，宣镇始终扮演着守护京师西大门的重要角色。

  鉴于宣镇重要的战略位置，早在明朝初年，太祖朱元璋便把第十九子朱橞封为谷王，命其就藩宣府统领军民。谷王当政时，主持扩展宣府城的建筑格局，将始建于唐代的城池扩展至周长 24 里之巨，根据"帝九王七"的礼制规定又设置了七个城门，南为昌平门、宣德门、承安门；北为广灵门、高远门；东为定安门；西为太新门。"靖难之役"后，谷王被夺权上位的

昔日雄关今何在   133

✕ 万全右卫，河北张家口万全区

明成祖朱棣收回军政大权移藩长沙，宣府失去了"王城"的地位，宣德、承安、高远三门也被封堵，只留四门，但仍为京师西部防线的咽喉锁钥。这座城市在接下来的岁月中持续得到维修、扩建，历经数百年，今日城池墙体轮廓尚在，南北主街上还保留着拱极楼、清远楼、镇朔楼三座宏伟壮观的楼阁建筑。如今的宣化古城内，除了城墙保存较为完好外，明清时代的街道格局也未曾稍变，十字街上高大的玉皇阁基座遗址尚存，这使它成为研究明代卫所制度的活化石。

宣镇的经营事关京师的安危，故除了镇城的营造，朝廷还修建了多座气势恢宏的卫城来打造这条链式防线。其中紧扼坝上交通要道野狐岭口的万全右卫，一夫当关把守洋河渡口的万全左卫，堪称明皇陵北大门的柳沟城以及孤悬塞北的独石口城，都以其壮阔巍峨的城墙和宽广宏大的城市布局闻名。所城、堡城更是星罗棋布，尤以屡遭兵燹的赤城为甚。这段长城

✕ 宣化古城清远楼，河北张家口宣化区

线上满满当当塞下了数十个堡垒。当地明军在凭借这些铜墙铁壁防守的同时，还不拘一格招降了车部、史部两个蒙古部落安置在龙门所附近平阔的河谷一带驻牧，作为宣镇重要的骑兵兵源。

在宣镇城堡中最为著名的当属有"京西第一卫"之称的万全右卫。明洪武二十六年（1393年）筑土城，永乐二年（1404年）置万全右卫所于此，正统三年（1438年）用砖包砌城墙，万历三十七年（1609年）重修并增筑南关。它的城墙大致呈一个边长900米的正方形，建筑也很讲究，有"轿子城"之说。它不开东、西门，只开南、北门。东、西留有两个无门的瓮圈，作为耳窗；城外有两条自然形成的东西护城河，像两条轿杆似地把城池抬了起来。

另一个著名城堡则是独石口城，其城南面有一座拔地而起的孤石，因此而得名。此城在明代有极其重要的战略地位，有"上谷咽喉，京师之右臂"之称，是明朝抵挡漠北的塞上雄关之一。城堡始建于宣德五年（1430年），明宣德初年，由于朝廷军力不支，朝臣提出"宁弃开平，专守独石"的建议，于宣德五年弃地 300 里，将开平卫从塞外的元上都故地南迁到独石口，从此独石口便成了宣镇防线在草原上的突出部，孤悬塞北独撑危局。独石口城堡城墙高 13 米、周长 3000 米，设有东西北三座城门，今保存尚属完整。城外数里便是明长城主线，从东、北、西三面半弧形包裹着独石口城，三面各开一关口，分别为东栅子口、北栅子口、西栅子口，遗憾的是三个关口今仅存残址。

修修补补数百年的宣镇长城

仅有城池自然不够，明朝廷自洪武年间便开始了对宣镇长城体系的构建，起初只是修筑沿边的重要隘口和烽燧墩台，土木之变后，宣镇不得不开始大规模修建连续的墙体进行防御，这个宏大工程一直持续到明朝灭亡。成化年间（1465～1487年）宣大总督余子俊首次试图大规模修建边墙，但由于恰逢饥荒未能全线竣工，他本人也因此被贬。直到嘉靖年间（1522～1566年），面对蒙古俺答汗愈加猖獗的袭扰，总督翁万达才完成了全部墙体的建筑。

宣镇长城的位置较秦汉时代的长城大幅后退，从坝上草原退到坝头甚至是坝下。建筑方式多为就地取材，采用山石、夯土垒砌，除驻扎兵士的敌楼外，墙体并没有进行包砖处理。边墙结构也较为粗陋，赤城、延庆一带的外长城甚至只是一堵单边墙，历经数百年风雨现大部分已坍塌为一条石垅；就连为了保卫皇陵而大肆建设的南山路边垣，也不过是一条夯土石块混搭的低等边墙。

为了弥补墙体低矮粗陋的弱点,明朝中后期在边墙外侧挖掘了深邃的堑壕和大量的"品字窖"以阻挡骑兵直扑墙下,一些重点防御段落,如赤城西北的马营口,甚至在关口内外两侧各设置了一条堑壕。值得一提的是,长城修建者在选址过程中,充分利用山川河流等自然资源以达到事半功倍的效果。赤城县后城镇拔地而起的丹霞地貌"赤壁"(也称"四十里长磋")便被利用为天然的防御、瞭望工事,至今在顶峰的平地上还留有多座烽火台遗迹。

明隆庆年间(1567～1572年),明朝与蒙古俺答汗势力议和,结束了边境上持续数十年的剑拔弩张局面,商定在边境上开设双边贸易场所"马市"。这项政策使得很多边境上朝不保夕的小关口、据点摇身一变成了日进斗金的"商贸特区",不少小堡的命运由此改变。张家口堡便是最典型的"凤凰男"翻身,这里最初仅住着几户张姓人家,修筑长城时民工随意起了个名叫"张家隘口"。不想边境贸易一开,商贾云集,繁华程度与日俱增,清朝成为著名贸易通道"张库大道"的起点和"京张铁路"的终点。

入驻宣镇办公的荒唐皇帝

在宣府镇二百多年的历史中,"土木之变"的发生和明英宗的被俘绝对是最耻辱的一笔,而明朝接下来的几位皇帝一个比一个昏庸无能,其中最为荒诞不经的当属明朝第十位皇帝武宗朱厚照。武宗小时候聪明伶俐,可惜十四岁当上了少年天子后,宠信以刘瑾为首的几个太监,很快便倦怠

× 宣府镇赤城独石口长城，河北张家口赤城县

朝政，纵情于声色犬马。武宗顽劣不堪又好大喜功，总想着能像明太祖、明成祖一样扬威边塞。宣府出身的边将江彬便抓住了他的这个心理，多次向他宣传宣府将士的勇猛胆略，怂恿他去边境阅兵。荒淫无道的武宗听后，竟然封自己为"镇国公"，率领一班亲信驰入宣府镇城，一待便是两年。

  期间武宗以宣府为中心，打着"走访民情、视察边防"的旗号四处游玩。相传他在一个炎炎夏日游玩到今张家口市区西面山中的一个普通所城，一行人等累得人困马乏口干舌燥。突然发现戍堡边上林子里有条清澈的河流，大家赶紧飞驰过去，连人带马跳入水中畅饮甘甜清冽的河水解渴，一时人马均精神焕发。武宗见状大喜，提起御笔为此堡题名"洗马林堡"。有了皇上御赐的名号，这座平常的边境小堡也膨胀了起来，竟然在街中心盖了一座高大挺拔的"玉皇阁"，规格等级甚至超过了几个卫城的庙宇。不过这个传说是真是假，还有待考证。

✕ 洗马林堡玉皇阁，河北张家口万全区

当然，武宗也不是全无理政之心，他对宣镇情有独钟，在位的十几年里拨款数百万白银给宣镇整饬城防、修建边墙，还从京师武库里调拨了几万件兵器给边军，极大地提高了宣镇军队的战斗力。一次蒙古首领"小王子"达延汗入寇内地，正在宣大一带游幸的武宗闻讯欣然帅军亲征，在山西应州一带与小王子进行野战并将其击退，战斗中还亲自手刃一名敌军，战后小王子多年不敢入塞，史称"应州大捷"。明武宗虽在军事上有一些亮点，但他多年荒废朝政、宠幸佞嬖，使得明朝政治愈加黑暗每况愈下，埋下了灭亡的祸根。

乱世总出英勇之辈

与皇帝的昏庸无能形成对比的是，宣镇军民在抗击侵略中留下来大量可歌可泣的事迹。在抵御也先大军入侵的战斗中，赤城一带多座城池沦陷，军民遭到惨烈的屠杀。《赤城县志》记载了当年仓上堡千户田坤战死后，他的女儿投崖自尽的事。后来人民为了纪念田氏女，将她投崖的地方称作舍身崖，在今赤城县城北 15 公里处。崖壁上有很多诗文、题名、磨刻，距离地面十余丈的高处，"朔方屏障"四个大字赫然在目，还有一尊"舍身大士"摩崖石像，作为田女神格化的象征。

在屡次与敌军作战的过程中，宣镇诞生了多位军事家。明朝早期的猛将杨洪，曾经跟随明成祖北伐朔漠屡立战功，后担任宣府总兵，又在"土木之变"中识破也先挟天子以令诸侯的诡计，力保京师西大门不失；明朝末年抗击后金的著名将领满桂也是宣府人，他在辽东与后金军的作战中屡立战功，是宁远之战、宁锦之战的明军重要将领之一。

PART 06
晋北长城，战争与和平的见证

黄河是哺育中华民族的母亲河，长城是中华民族坚韧不拔的精神象征，二者激情碰撞，必然会有一番惊天动地的景象，山西省西北偏关县的老牛湾，便是这样一处胜景。

山西和内蒙古的交界处，黄河从这里流入山西，与长城交汇，然后一头向南朝着晋陕大峡谷奔流而去。在这里，能欣赏奔流的黄河、苍凉的黄土高原，以及依山就势的古村落。尤其是在包子塔湾，能将黄河九曲十八弯的景色尽收眼底。黄河两岸峭壁林立，黄河蜿蜒曲折，在此转折出一个近乎360度的弯。老牛湾堡便位于被这个大弯包围着的突出部位，被诗意地称为"长城与黄河握手处"，这里也是中国十大最美峡谷之一，曾经的血雨腥风早已淹没在历史中。

明朝时，与老牛湾堡隔河相看的便是磨刀霍霍，随时准备入侵中原的蒙古部落。明蒙两军在山西北部常年鏖战，后又因为一个意外，让剑拔弩张的两方化干戈为玉帛，上演了一出民族团结的剧目。

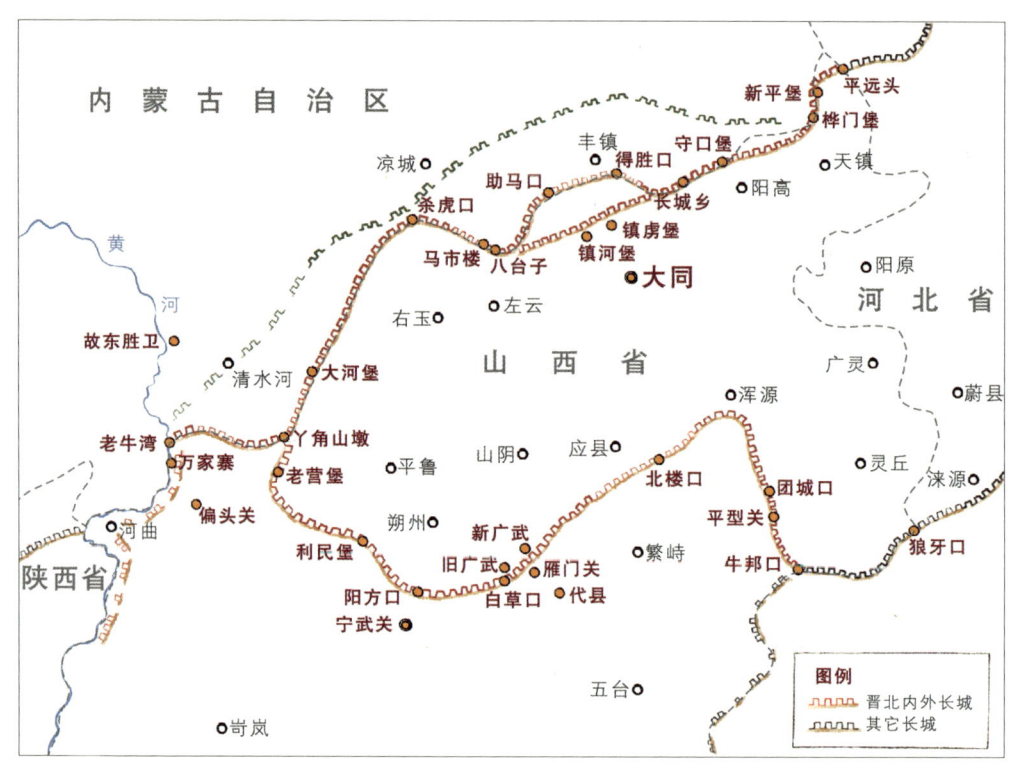

✕ 晋北内外长城示意图

修筑在平缓丘陵上的晋北长城

  大明王朝在驱逐元朝残余势力后，横扫漠北，将边境线推至阴山一带的汉唐故地，并设置开平（今内蒙古多伦县）、东胜（今内蒙古托克托县）、兴和所（今张家口市张北县）等卫所据点守卫边疆。

  可惜，阴山河套一线由于频繁的战乱，原先的农垦田地遭到严重破坏，这些卫所只能倚靠内地输送的粮草勉力维持。明太祖朱元璋耗费了大量的人力物力，并采取了诸如运粮换"盐引"等种种奖励措施才勉强维持住粮草供应。

朱棣登上帝位后，于永乐元年（1403年）急忙裁撤南迁了一批孤悬草原的卫所，将防线南移到今天的长城一线。卫所南移在兵力短缺时虽有助于集中进行重点防守，却也将阴山至晋北平缓的丘陵草地让给了逐渐恢复实力的蒙古骑兵，而后者最终成为明朝廷挥之不去的噩梦。

失去了阴山天险，长城只能建在晋北的平地或是低矮的丘陵地带上，蒙古人大举进攻，用不了半个时辰就能挖开一个口子溃墙而入。据史料记载，晋北地区在明代遭受过也先、俺答汗等多次入侵，损失人口以百万计。

为了防御蒙古部落的入侵，明朝成化、正德、嘉靖年间曾三次大规模修墙筑堡。在山西北部修筑了三四条长城防线来缓减蒙古铁骑的冲击，并设立大同、山西两个军镇以及数不清的戍堡守卫。其中大同镇为明朝初年设置，所辖区域为今日大同、朔州和张家口西部，以及与内蒙古交界的部分地区，分南北两道长城，横亘300余公里，城堡72座，因其直接面对北面的蒙古部落，被称为"外长城"。山西镇辖区位于大同以南今忻州市北部一带，长城位于忻州与大同交界处，起太行、经北岳、抵黄河，重要的"外三关"——偏头关、宁武关、雁门关（与太行山上的"内三关"居庸关、紫荆关、倒马关相对）以及著名的平型关便位于山西镇，共计长城800余公里，城堡64座，由于是位于内地的第二道防线，故被称为"内长城"。

庞大的防御体系足见朝廷对这里的重视，但重视归重视，这里的长城却远没有拱卫京师的蓟镇、昌镇以及真保镇那样受到格外优待。大同镇所辖的外线长城多由夯土筑成，也并未包砖，连敌楼也大都是实心的黄土堆。想来那戍边将士风餐露宿，遇到雨雪只能蜷居在墩台底下的小茅草棚子里瑟瑟发抖，与蓟镇那些住"别墅"的同袍们不可同日而语。

✗ 雁门关，山西忻州代县

中华第一关，雁门关

晋北长城中最为家喻户晓的就是忻州市北面高居于勾注山上的雁门关了，它因是大雁季节迁徙的主要通道之一而得名，自古有"天下九塞，雁门居首"之称，故被称为"中华第一关"。民间传说中杨家将镇守雁门关，上下五代人忠魂铁骨报效国家。

长达20公里的"雁门十八盘"一直以来都是晋中通往晋北的关键孔道之一，雁门关便修建于这条山路正中，雄踞两座山头间的鞍部，居高临下俯瞰出塞军队和往来商旅。早在战国时期赵国便与匈奴在这里血战不已，汉朝时昭君出塞、三国时蔡文姬归汉都是经过雁门关，北宋时期杨令公曾率军于雁门关北的广武一带大破辽军。

现存的雁门关建于明代，位于古雁门关东部，城池内部依据山势建造有驻军营房、练兵的校场等，北门外有关帝庙，南门外有祭祀战国时雁门关守将李牧的祠堂。幽长的雁门关山谷北口有明代内长城主线经过，有新旧两座广武城把守，南口则是国家历史文化名城代州城，城中心一座"边靖楼"是国内最高的鼓楼。

到了近代，雁门关接连遭受了日寇侵华和"破四旧"运动的摧残，楼台庙宇毁坏殆尽。经过近些年的修缮工作，雁门关才得以重现往昔雄壮威武的胜景。如今，踏着浸透了碧血黄沙的沧桑石板路，攀着青砖重铺的台阶登临关城两侧的山巅，俯瞰雁门关全貌，如一只展翅而飞的鸿雁，以矫健威武的雄姿继续守卫着晋北这片热土。

先天不足，用城堡来填

虽然，晋北一带无险可守，但明朝廷还是在各镇大肆修建高等级总兵驻城，曾经做过镇城的大同、宁武、偏关以及代州的城防体系较之内地城市迥异，拥有护城河、内城、外城、瓮城以及四方小型护城。出于军事的考虑，城市内部道路也以丁字断头路为主，城门不相对，以利于巷战，偏关、宁武关甚至不设北门以便于防守。大同镇城同时兼为代王府所在地，规模更为宏大，除四方护城外，各门瓮城也都相当于一个小型城池，其中南门瓮城竟多达惊人的四道！现如今，这些镇城的城墙和四方护城大部已经拆毁，街巷格局今非昔比，只有从代州边靖楼、宁武城门楼、大同鼓楼等幸存建筑上遥想当年金城汤池的雄伟。

镇城之下的路城为各路之首，这些城堡的建筑也是各具特色。大体而言，

✕ 宁武城门，山西忻州宁武县

✕ 边靖楼，山西忻州代县

明早期国力强盛，以攻势为主，这时期建造的路城兼有州县行政驻地功能，故规模较大，多具备四方城门，内部为宽敞的十字大街，便于交通，其中翘楚当属威远卫城，规模不逊于一般府城；而明中晚期完全陷入防御状态，建造的路城单为军用，所以规模偏小，很多只设有一个南门，内部街道狭窄，尽是丁字断头路。这里驻扎的军民首领是等级较高的参将知县之类，他们办公的府邸和生活场所也别具山西风格。其中新平堡的马总兵府、右玉城宝宁寺水陆画都是一时翘楚。

最基层的堡城多建于明嘉靖年间（1522～1566年）。为了防御蒙古俺答汗狷獗的进攻，这一时期山西镇建造30余座堡垒，大同镇甚至一口气建造了"内五堡""外五堡""塞外五堡"等一系列多达50余座的戍堡。这些堡城不承担重要的行政职能，纯粹是一座座军营，单一的职能和严峻的边境形势使得它们的建造来不及设计太多的建筑特色和防御手段，只是按照同一个模板"复制—粘贴"在晋北大地上。这一时期的堡城规格均周长二到五里，城高三到四丈，马面十个左右，

大同堡垒群

大同筑堡高潮始于嘉靖年间，是为了防备俺答汗愈加狷獗的袭扰，保护内地治安。这段时间明蒙矛盾激化，此时军堡之命名，多带有强烈的羞辱性及敌视性，如经常出现"虏""胡""镇""灭"等字眼，且这些堡垒在建造时间和地理上呈现组团出现的特征，如"内外五堡""靖虏五堡""灭胡九堡"等，这在九边中可谓独一无二。

到清朝，由于清朝统治者起自塞外，也就是明朝廷口中的"胡""虏"，故他们对这些带有侮辱性的名字很不满，很快便全部修改，一般是将"胡"改为"虎"、"虏"改为"鲁"或"罗"。也有部分堡垒名字完全改变，如靖虏堡改为正宏堡，灭虏堡改为管家堡等。

随着时代的变迁，这些堡垒逐渐丧失了军事作用，上好的城砖随即被村民相中，你一块我一块拆下来垒成家中的院墙，就连夯土的墙芯也被视作阻塞交通的累赘遭到拆除。今日绝大多数的堡垒只剩残垣断壁。

城南设唯一的一个城门,街道为左右相对的格局。堡城驻扎的都是基层将士,营房简单实用、造价低廉,有价值的建筑留存不多。到了和平时期,很多建在山巅沟谷的堡垒,更是第一时间搬迁到条件较好的平原,留下废堡自生自灭。

至嘉靖年间,大规模的筑堡行动在晋北大地上星罗棋布,共有一百八十余座军堡及关口,但这些关堡和前线的长城根本无法阻止蒙古部落的入侵。在投靠蒙古的山西白莲教汉奸赵全、丘富等人的带领下,盘踞阴山南麓的蒙古军队对内地防御一清二楚,几次入侵都轻车熟路地避开了要塞,向防守薄弱地区长驱直入。

明朝与蒙古土默特部的战与和

明嘉靖初年,蒙古土默特部崛起于横亘今内蒙古自治区中部的阴山南北两侧。初成气候的部落首领俺答汗时常率军,以明朝单方面关闭边境贸易马市为由,对山西、陕西等地实行小规模骚扰。等他得到赵全等人献上的山西军防形势后,更是如虎添翼,大举深入到晋中平遥一带,而官军联营扎寨避而不出,以至损失人口多达一二十万。

土默特部入侵的高潮发生在嘉靖二十九年(1550年)夏,俺答率军自密云古北口叩关而入,未遭受任何像样抵抗便兵临北京城外。京师卫军躲在城墙后,放任蒙古兵在城外焚掠、骚扰八日。蒙古人饱掠之后,以武力强迫明朝做出重开马市(明朝廷为了面子称为通贡)的允诺后,仍由古北口退去。因这年是农历庚戌年,史称"庚戌之变"。

对于这种强迫"通贡"的勒索，明朝君臣视为奇耻大辱，拒不履行承诺，导致蒙古人一轮又一轮的报复式入侵。某年竟四犯大同、三犯辽阳、一犯宁夏，边境地区生灵涂炭，白骨露于野，千里无鸡鸣。可朝廷毫无还手之力，就像一头任人宰割的大肥羊。

明朝廷北方边境山河残破，百姓流离失所，但俺答汗治下的阴山河套地带，却得到了长远发展。当地领主对于农耕生产和税务会计管理并不上心，反而无意中形成轻徭薄赋的政策，使当地百姓生活相对安定。于是，被明朝廷残酷剥削的农民和被镇压的白莲教教民纷纷越过长城去到蒙古一带求生，就连日益沦为军事贵族们奴仆的卫所军士，也几次发动兵变逃亡北去。逃亡蒙古的中原人带去了先进的生产力，大片农田被迅速开垦，他们还教会了马背上的蒙古人筑城、冶炼、纺织。

俺答汗

俺答汗（1507～1582年），孛儿只斤氏，明朝蒙古土默特部首领，成吉思汗黄金家族后裔达延汗孙。明朝嘉靖年间崛起，其部落初期游牧于今内蒙古呼和浩特的土默川一带，一跃成为蒙古草原上实力最强大的部落。其控制范围东起宣化、大同以北，北抵戈壁沙漠，南临长城，中后期又吞并了嘉峪关以西的"关西七卫"并染指青海湖一带。

嘉靖二十九年（1550年），俺答汗在多次遣使要求开放朝贡贸易未果后兵临北京，以武力要求明朝政府开放边贸，史称庚戌之变。嘉靖三十年（1551年），明朝被迫开放宣府、大同等地与蒙古进行马匹交易。不久，明朝拒绝蒙古方面以牛羊交易的要求，单方关闭马市，双方再次开战。

隆庆年间，以把汉那吉降明为契机，双方开始和谈并达成协议，明朝封俺答为顺义王，开放十一处边境贸易口岸。俺答晚年皈依藏传佛教的格鲁派，1578年，他赴青海修建了佛寺（明朝赐名"仰华寺"），赠索南嘉措（三世达赖）以"达赖喇嘛"的尊号，同时，索南嘉措为俺答上尊号为"转千金法轮咱克喇瓦尔第彻辰汗"，承认他为成吉思汗的化身，为全蒙古的大汗，双方的合作推进了格鲁派在蒙古诸部的传播。

每次都有大量斩获的入侵行动，更助长了俺答对明朝廷的轻蔑之心，甚至动了登基称帝、取代明廷的念头。然而，一件偶发的小事彻底改变了边境剑拔弩张的局面，明蒙两家以此为契机走向了和平……

俺答汗早年戎马倥偬，屡次兴兵南征北战，先后击败了东边的兀良哈、西边的卫拉特，并屡次入侵南边的大明。到了隆庆皇帝年间（1567～1572年），年逾六旬的俺答厌烦了刀口舔血的生活，萌生了远离沙场的心思。隆庆四年（1570年），他去青海一带逍遥清净，不想在路上却得到消息，自己最疼爱的小孙子把汉那吉逃亡至山西败胡堡扣关投降。

原来，俺答之前在河套的袄儿都司（其驻牧地今称鄂尔多斯）部抢了一个已经缔结婚约的贵族少女回来做妾。袄儿都司部落大怒，便要上门讨个公道，俺答心中有愧，赶忙许诺另还一个人。这人不是别人，正是俺答孙子把汉那吉未过门的媳妇。把汉那吉觉得受到奇耻大辱，竟带了十几个人投奔了大明。

俺答闻此消息，当下集结兵马大举入侵明朝，用武力迫使明朝就范和谈，归还把汉那吉。俺答马上兵分三路，命长子辛爱黄台吉率军两万进攻弘赐堡，永邵布部一万人进攻威远，自己则率主力进逼平虏卫。

一场惨烈的大战一触即发之时，几个明朝使臣突然造访俺答的中军大帐。使臣开门见山地说：大汗的孙子投降之后，当今圣上非常重视，立即封了个官，好吃好喝供着。大汗若想要孙子，便用赵全等汉奸的首级来换。俺答破口大骂："我们乃世仇，你方边将多为我所杀，若是中了你的离间之计，岂不是赔了孙子又折损心腹大将！"

见俺答不信，使臣从怀里掏出一封书信呈了上去，俺答阅后大惊，上面竟是赵全写给明朝边将的亲笔书信，要里应外合将他诳进塞内诱杀，以此投降明朝。看到这个，俺答当即下令将赵全等人交给明朝处死，不久把汉那吉也携带着明朝丰厚昂贵的赏赐返回草原。俺答也履行诺言，上表请明廷封自己为王，世世代代做大明藩属。

1571年，明隆庆皇帝下旨册封俺答汗为"顺义王"，分封俺答之兄弟子孙以及各部落大小首领共112人以指挥、千户等军职，并开放边境得胜堡、新平堡、守口堡、水泉营堡、张家口堡为互市地点，当年便交易了牛马牲口近3万头。史称"隆庆议和"的这段历史就以戏剧性的开端和结尾化解了一场血腥战争。

繁荣一时的马市贸易

和平的突然降临不仅让明蒙官员松了一口气，百姓更是喜出望外，搁置多年的马市贸易终于重新开放。最初的马市全部为官营，每年开市一个月。由于双方民众对贸易往来的热情很高，政府又顺应民意开放了大大小小十几个马市，其中除了官方交易的官市外，还出现了民市，时间也从一年一次增加到一年数次甚至每月都开。一时间，边境上官市热闹，小市不断，商旅云集、辐辏相连。出于笼络蒙古部落的需要，每次马市开放，明朝地方官都会设宴款待部落酋长，昔日杀红眼的仇人在酒桌上称兄道弟。

远离战争之后，边境地区的生产也得到恢复，以前双方反复拉锯的战场被开垦成了农田，晋北地区的经济、人口随之出现大幅增长，"九边如大同，其繁华富庶不下江南。而妇女之美丽，什物之雅好，皆边塞之所无者"。

马市重开，并不意味着明蒙完全交心。顺义王俺答汗对直属部落的约束力较强，但对河套一带表面服从的袄儿都司等部管理起来便有些吃力了，

✕ 得胜口马市（市场堡），山西大同北部

✕ 镇宁楼（马市楼），山西大同左云县

✕ 杀虎口马市，山西朔州右玉县

后者多次借着马市贸易机会偷袭明边。为了防止这种情况，明朝特地在进行马市贸易的边境关口修建"市场堡"或"马市堡"，规定每次贸易都在这所指定的袖珍城堡里进行，堡边一般还建有多个高大的敌楼驻军监视。

得胜堡作为俺答汗受封之地，也是规模最大的马市，这里的贸易人多混乱，安全形势异常严峻。于是，明朝廷特地在得胜堡北面长城以内修建了周长七百多米的大型市场堡供贸易使用。马市南有得胜堡，北有得胜口关，东面有镇羌堡，来往贸易的蒙汉群众依次进入，均遵守秩序不敢造次。

助马堡与得胜堡并称，素有"金得胜，银助马"之称。此地的马市与驻兵防卫的城堡以长城为中心左右对称，中有一座高大的"镇远楼"负责治安监视。杀虎口的马市规模也很大，位于长城内杀虎堡南面，与杀虎堡规模相等，二者之间又用两道城墙连接，形成了现在"目"字形的罕见格局。除此之外，长城沿线宁鲁堡的"马市楼"，威鲁堡的"月华池"等马市旧

昔日雄关今何在　　———　　153

址也别具特色。

在经营马市的背后，明朝廷也在"外示羁縻，内修战守"。趁着相对稳定的时期，整顿军事巩固边防，最重要的自然还是修建长城。万历皇帝继位后，朝廷大权把持在内阁首辅张居正手中。他主政时进行了财务改革，推行"一条鞭法"，让已经见底的国库重新充盈了起来。晋北原先只是土墙土壁的长城、边堡大都在这一时期进行了包砖扩建。大部分蒙古部落见到明军有备，也就不敢大举骚扰，安心做起了马市贸易。

据《明史》记载：俺答封贡之后甚为恭顺，部下卒有掠夺边氓者，必罚治之，且稽首谢罪，朝廷亦厚加赏赉。万历十年（1582年）春，俺答去世，皇帝特赐祭七坛、彩缎十二表里、布百匹以示优恤。在他死后，他的妃子三娘子主持了大局，先后辅佐了三代顺义王，为维持边境的稳定和平做出了重大贡献，被明朝封为"忠顺夫人"。这种大体和平的局面一直持续到天启七年（1627年）察哈尔部林丹汗占据阴山为止。

马市贸易随着明朝灭亡而终结，但另一种贸易形式"走西口"随即出现，过去兴盛一时的得胜口、杀虎口、张家口继续扮演着重要的角色，晋北大地上继续书写着汉蒙两族交流融合的故事。

PART 07
河西走廊，最西段的明长城

汉唐定都长安，开拓海内，将中华文明传播到遥远的中亚。那时的西北地区是欧亚大陆的核心，除开国都所在的长安不说，张骞通西域、霍去病痛饮酒泉、班超投笔从戎、高仙芝兵败怛罗斯、唐三藏西取真经等一个个历史都为人们耳熟能详。但到了明代，整个西北地区的存在感降至冰点，就连长城也是如此。整个九边中延绥、宁夏、固原、甘肃四个军镇几千公里的长城，竟只有嘉峪关为人熟知。难道真是西线无战事么？

河西走廊与汉四郡

河西走廊自古便是华夏文明与中亚文明的沟通桥梁，南侧为高耸入云的祁连山，北侧为合黎山、龙首山及莽莽荒漠，因形状狭长如走廊故而得名。这个重要的交通通道东连中原西接西域，大部分地区为半戈壁半草原的荒凉地带，靠着几个散落的绿洲串珠般联通中原与中亚腹地。

汉朝之前，这里为具有印欧人血统的大月氏人游牧生活，汉初匈奴人

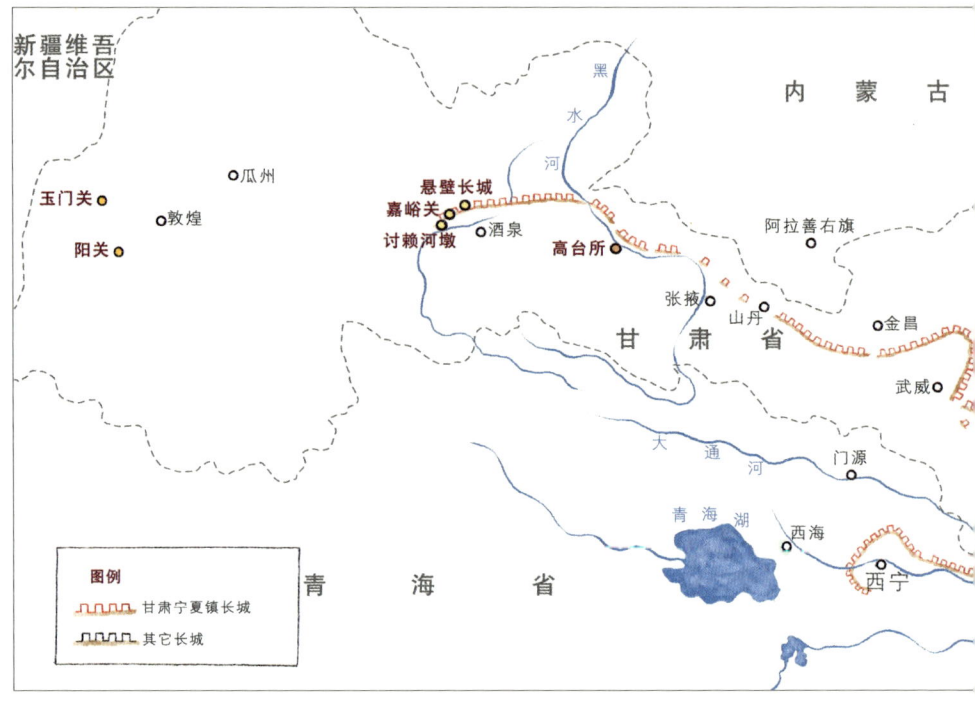

✗ 河西走廊长城分布示意图

崛起,赶走了大月氏人,占据河西一带,从西面威胁汉帝国的都城长安。经过文景两代的休养生息,汉武帝(前156?~前87年)积聚了雄厚的国力,开始对匈奴发动了反攻,屡屡获胜。公元前121年,汉武帝派霍去病(前140~前117年)由陇西乌鞘岭三次出塞一千余里,击败盘踞在河西走廊一带的浑邪王和休屠王,降服了游牧其间的匈奴残余部众。西汉随即在河西走廊设置了武威、张掖、酒泉和敦煌四个郡,自此打通了华夏文明通向亚洲内陆的通道,丝绸之路的壮阔长卷得以缓缓展开。

最西段长城的明珠：阳关、玉门关和嘉峪关

说起河西走廊，就得说说三座历史上著名的关隘：阳关、玉门关和嘉峪关。即便不很了解它们的历史，但"劝君更尽一杯酒，西出阳关无故人"、"羌笛何须怨杨柳，春风不度玉门关"这样的诗句也是耳熟能详。

阳关和玉门关是汉代重要的军事要塞，是丝绸之路的交通要道，而嘉峪关作为明长城最西端的起点，军事作用和地位极高。嘉峪关与阳关、玉门关相距数百公里，都位于缺少雨水、人烟稀少的西北戈壁，人们常常将它们与雄伟壮阔、苍凉寂寞联系起来，自古是军事重地，又是边境地带，发生在这里的往往是刀兵相搏、离情别绪的故事，多少文人墨客在这里感慨万千，因此诞生了许多不朽的文学作品。

汉武帝时，张骞（？～前114年）通西域，丝绸之路打通，中原与西域之间的文化、贸易交流日渐繁荣。汉朝为保护丝路的安全与畅通，在河西走廊置武威、张掖、酒泉、敦煌四郡，此后又修建阳关和玉门关，《汉书》记曰："列四郡、据两关"。阳关和玉门关南北相望，是出敦煌前往西域的两个必经之路，成为西行的门户所在。

唐以后，由于战乱和环境恶化，两座关隘先后被废弃，又经过一千多年的风雨洗礼，阳关故址之上的烽燧和玉门关遗址还静静矗立在戈壁滩上，

× 嘉峪关，甘肃嘉峪关市西 5 公里处

仿佛在向前来瞻仰的人讲述着这里曾经的辉煌。

比起阳关和玉门关，号称"天下第一雄关"的嘉峪关的诞生要晚了将近 1500 年。矗立于大漠边缘的嘉峪关，衬托在祁连山的皑皑白雪之下，雄伟非凡，如今已是河西走廊上最著名的旅游景点。这座长城沿线最壮观、规模最大的关隘足足建造了 168 年，由内城、外城、罗城、瓮城、城壕和南北两翼长城组成。

嘉峪关关城以北约 7 公里，是著名的黑山悬臂长城，因修筑于坡度约 45°的山脊之上，如凌空倒挂一般，因此得名。悬臂长城是嘉峪关军事防御体系的重要组成部分，有"西部八达岭"之称。

在嘉峪关关城西南方数公里处，是万里长城第一墩，又称讨赖河墩，是明长城最西端的一座墩台，名副其实的西起点，讨赖河墩矗立于讨赖河边的悬崖之上。

× 玉门关大方盘城遗址，甘肃敦煌市

嘉峪关在明亡之后军事地位下降，但仍不失为一座陆路交通上的军事重镇。清末洋务派代表人物左宗棠率军西征平定叛乱时途经嘉峪关，见其气势雄壮，提笔大书"天下第一雄关"匾额悬于门楼之上。可惜此匾毁于战乱，今日关城上悬挂的匾额是其复制品。

丢失关西七卫

明初的疆域，西北边境并不只局限于嘉峪关，关西最远的行政区是在今天新疆哈密，设置有土酋"忠顺王"掌管的哈密卫，以东还有罕东卫、沙洲卫等六个蒙古、畏兀儿羁縻卫所，合称"关西七卫"。

经过 13 世纪的蒙古人征服，嘉峪关以西地区的民族结构和生活方式经历了一次大"变动"。原本汉人、党项人、藏羌人混居的情况到了元末变成了蒙古人、撒里畏兀儿人（维吾尔族的一支，今称裕固族）、回回人的地盘，农耕为主的生产方式也让位给了游牧生活。这种变化让明朝政府只能采取羁縻管理的方式，笼络当地部落酋长为王侯、指挥使。

当地酋长对于明朝中央时而恭顺、时而忤逆，很难统一调遣，甚至有因贪图财货杀死各国往来使节和商团而被明朝廷惩罚的，七卫之间也时常为占有牧场而大打出手。互相间的血腥厮杀、内耗使得他们在面对西面崛起的、信奉伊斯兰教的吐鲁番（吐鲁番为明朝时新疆东部一部落名，今沿用为地名）进攻时损失惨重，其中哈密卫竟然易手多达五次。这也和明朝廷的昏庸不无关系，朝廷自始至终也没能搞清楚西域的民族、宗教、敌我形势，屡次上演了忠奸不分的闹剧，让关西地区酋长和百姓们寒心。一直还算忠诚的哈密忠顺王家族，最终被朝廷的不作为激怒，索性投靠了吐鲁番。对此明朝廷非但不思收复故土，反而为甩掉一个累赘而庆幸。嘉靖年间，随着罕东卫的幸存者迁入嘉峪关内，关西七卫宣告全部沦陷，原本作为后方的嘉峪关变成了最前线。

孤悬河西甘肃镇

为什么明朝没能像汉唐那样控制整个新疆？答案是人口，或者说汉族人口实在太少了。元朝设立的甘肃行省，经过战乱到明洪武年间，整个省城（今张掖市）居然只有八百三十户人家，其余地区人口更是少得可怜，

✕ 贺兰山下白头沟门一烽多燧烽火台遗址，宁夏银川

即便到了二百年后的万历年间，重镇肃州（今酒泉市）人口也仅为万人左右。干旱的气候让这里的农业也难有作为，无法支撑经营更远处新疆大漠。

经过一番评估之后，朝廷取消了甘肃的省级编制，归属于陕西布政使司管理。由于河西走廊呈细长条状，西、北、南三面强敌环伺，所以军事上设置了九边之一的甘肃镇，镇所设在甘州，也就是今天的张掖。辖区从西边的嘉峪关到东边的兰州，一字排开了十五个卫所，东西长达两千余里，南北却只有百余公里。该镇特殊的地理情况导致其极度缺乏战略纵深，几个大城市间距离均为三百里以上，中间不是沙漠就是戈壁，很难及时支援。好在河西走廊南面有祁连山天险横亘，骑兵难越，北面是茫茫沙漠，蒙古人进兵不便，西面有关西七卫遮挡，故在明早期边防压力不大。但到了明代中晚期，俺答汗的土默特部彻底扫荡七卫残余，继而南下占领了青海湖周边的草场，从三面包围了河西一带，自此明朝西北的军防形势急剧恶化。

面对严峻的边境形势,明政府再次祭出大修边墙这一法宝。早在16世纪初的弘治年间,从兰州到嘉峪关的边墙修建已大体完成;嘉靖至万历的数十年间,又对边墙进行改扩建,比如增修大量配套的墩台,对城堡进行包砖等工程。

由于远离政治经济中心,且缺乏石材,这里的长城多为黄土版筑,经济上也未能得到全线包砖的支持。将军把总们为了能及早发现游牧骑兵动向,竟将不少墩台设置在长城外。这种做法,一方面置守卫军士的安危于不顾,另一方面也导致戍守墩军很容易被对方偷袭,守卫军士不是被杀就是被抓走。比如位于今天甘肃省境内的天仓墩,距离水源很远,军士取水时经常被潜伏的敌人掳走,被称作是"鬼门关"。被派去戍守的军士无不痛哭流涕。后来增设了永宁墩协防,形势才得以好转,此处也被称之为"救生台"。

北面形势严峻,南面也不乐观,明朝时青海西宁设置卫所,归属甘肃镇管辖。青海湖周边的原住民羌藏民族,最初实力薄弱,不敢轻举妄动,嘉靖年间,俺答汗的土默特部从阴山河套一带绕过嘉峪关占据了青海湖一带,致使西宁卫周边形势急转直下,明朝军民恨恨地把蒙古部落被称为"海贼"。

俺答汗封贡之后,边境形势相对稳定了一段时间,但随后的几任顺义王控制力下降,根本无法约束千里之外的青海诸部落,这些部落重新进犯西宁所在的河湟谷地一带。为了阻止入侵,嘉靖年间西宁兵备副使王继芳、周京等官吏主持修筑了拱卫西宁卫的青海边墙,这也是海拔最高的明长城。这段长城在清朝雍正年间也曾重修,可能是为了防备青海叛乱的蒙古部落。

对于边境守卫长城的将士来说,一年四季都在面对自然和敌人入侵的双重压力。狂风席卷着黄土沙砾,春秋冬三季不停地从北方呼啸而来。好不容易盼来水草丰美的夏季,游牧骑兵们却闪电般突破边墙。铁蹄过后,留下无数的尸体和残垣断壁。在这种形势下，为了稳定边防守卫，明朝廷采取了家庭式驻守方式。在甘肃高台县附近出土的《深沟儿墩碑》便记载着一个叫"深沟儿"墩台上生活的五户家庭样貌：

> 墩军伍名口
> 丁杲妻王氏　丁海妻刘氏　李良妻陶氏
> 刘通妻董氏　马名妻石氏
> 火器
> 钩头炮一个　线枪一杆　火药火线全
> 器械
> 军每人弓一张　刀一把　箭三十枝　黄旗一面　梆铃各一副
> 软梯一架　柴堆伍座　烟皂（灶）伍座　檑石二十堆
> 家具
> 锅伍口　缸伍只　碗十个　箸十双　鸡犬狼粪全
> 　　　　　　　　　　　万历十年二月　　　日立

从碑文可见，这五个家庭十口人结成了一个小型战斗团队，他们吃住在墩台上，靠养鸡养狗改善生活。平时瞭望巡视多是男女轮替。明末的《肃州华夷志》记载：临水站墩，由临水堡居民"沿门出人，轮流瞭望。或家无人者，妇女上墩瞭高"。

西部边境，蒙古人和吐鲁番人你方唱罢我登场，时不时突袭嘉峪关，甚至到甘州城下耀武扬威。明朝这边也涌现出了很多可歌可泣的英雄豪杰，嘉峪关游击将军芮宁为了抵御外侮，决然率领七百壮士与吐鲁番的三千大军野战，沙子坝一战全军覆没为国捐躯，碧血洒黄沙，忠骨抛戈壁。

河山带砺宁夏镇

与甘肃镇一样,处于黄河与贺兰山相间的狭长走廊里的宁夏镇也是三面临敌。与甘肃相比,宁夏镇因有黄河带来的丰沛水源滋养大片农田,使得这里有"塞上江南"之称。

宋朝时,李元昊起兵建立西夏后,能以区区宁夏平原的资源对抗中原王朝,足以证明这里物产之丰富。元朝平定西夏后,为安宁之意改名为宁夏,明朝沿用这个称呼,将其归入陕西布政使司管辖,并在此设置九边之一的宁夏镇,镇守府设在宁夏城,也就是今日的银川城。

明朝早期国力强盛时,除了个别险关要隘,并未大规模修筑连绵的墙体,那时山西行都司所辖的东胜卫城尚在,挡在前线控制着河套东部一带。按照朱元璋的设想,经过几年的休养生息,便能积聚力量将整个河套尽收囊中。可惜随后的靖难之役和土木之变使得明朝国力大衰、东胜内徙,朝廷对于收复阴山河套的汉唐故地是心有余而力不足。蒙古部落察觉明朝的衰落,大着胆子蹚过黄河进入河套牧马,因他们多在河套一带活动,明朝军民恨恨地称他们为"套虏"。

明成化年间,兵部提出收复河套,但战略推演时发现,朝廷的财力、人力、物力根本不足以支撑将数万军民迁徙至河套屯垦。仅是将延绥镇的镇守府从绥德迁到榆林的短短距离,就要耗费万金,加之民众面临流离失所,可能激起民变。凭借如此低下的组织能力和经济实力,跨越五百里的沙漠深入河套驻防简直是痴人说梦。于是,朝廷内部形成了以兵部尚书白圭为首的进攻派和由陕西当地大员延绥巡抚余子俊等为骨干的防御派,两派相争不下。经过反复争论,最终形成妥协,进行一次大规模出塞"搜套"行动。这次行动由宿将王越率领,在红盐滩取得巨大战果,终于将盘踞在河套的

× 赤木口，宁夏银川市西夏王陵西南

蒙古部落暂时赶走。

兵部乘机借坡下驴，提出乘胜修墙，终于与防御派达成一致。成化十年（1474年），延绥巡抚余子俊主持修建了宁夏到陕西的边墙，将来犯之敌隔绝在毛乌素沙漠之中。嘉靖十年（1531年），在镇西侧的天险贺兰山内侧又修建了绵延数百里的土筑边墙，将之前把守山口的段落式边墙和戍堡连接起来。嘉靖十五年（1536年）又在黄河东岸修建了沿河边墙，由于墙体低矮，被军民贬称为"长堤"。

长城终于修好，但"套虏"委实奸诈狡猾。他们或是声东击西，或是多点开花，明军疲于应付。为了改变这种被动局面，将有限的兵力合理布置在险要关隘起到以一当百的作用，明军在宁夏镇四周设立了称为"城防四险"的赤木口（也称三关口）、胜金关、镇远关和打硙口这四座雄关要隘。其中贺兰山谷间的赤木口长城最为雄伟，内外三道关口把守着巍巍贺兰山

昔日雄关今何在 —— 165

✕ 水洞沟,宁夏灵武市水洞沟村

✕ 水洞沟藏兵洞

间的交通要道，真有"一夫当关万夫莫开"之势。赤木口南边的北岔口段则设置山上和山下两道长城组成立体防线，墙外挖掘的壕沟、陷马坑不计其数，墙内多个驻军营寨星罗棋布，有效阻挡了游牧骑兵的攻势。由于贺兰山人迹罕至，加之近些年封山保护，赤木口到北岔口段落受到的破坏较小，最为接近明代原貌。

除去这些雄关，一些小的堡寨也因地制宜设置了多种防御措施，现被称为"水洞沟"的红山堡段长城便是其中翘楚。当地军民在修建长城时煞费苦心，选址极为刁钻，将有河水流过的芦花谷围在墙内，将寸草不生的毛乌素沙漠隔断在墙外。沙地上还挖掘数不清的陷马坑、品字坑之类的陷阱。不光如此，墙内峡谷间设置藏兵洞与红山堡相连。藏兵洞全长3000多米，建有兵营、会议室、观察孔、炮台、陷阱等多处设施，是我国唯一保存完整的长城立体军事防御体系。蒙古骑兵多次入侵，都不敢取道这里，足见它的威慑力。

宁夏镇长城墙体为夯土版筑，除了个别关隘外甚少有包砖、石砌结构，亦缺乏蓟镇那样各具风格的空心敌楼，外形极为单一。但该镇亦有其特色，那就是为把守着贺兰山及周边各个隘口所设置的"一烽多燧"烽火台。

贺兰山麓和吴忠市以南银昆高速两侧就留存下来众多附带有多个小墩的墩台。这些小墩约两米见方，高约0.5~1米，从五六个到十余个不等，间隔五六米等距，虽均已坍塌，但依然能看出为燃放烽火所用。如此数量、保存尚好的"联墩"唯有宁夏镇大量存在，填补了烽燧制度的空白。

到了万历年间，长达千里的宁夏长城全部完工，至此以贺兰为拒马，以黄河为堑壕，以沙漠为缓冲，雄关虎踞，万无一失。可惜外患稍平，内变又生。谁曾想银川城遭受的最大兵祸竟是一场内乱，明末著名的"万历三大征"之一便发生在这里。明神宗万历年间（1573~1620年），朝廷先

大西风沟联墩,宁夏银川贺兰县

后在西北、西南边疆和朝鲜开展了三次大规模军事行动。分别为李如松平定蒙古将领哱拜叛变的宁夏之役,李如松、麻贵先后抗击日本丰臣秀吉政权入侵的朝鲜之役,以及李化龙平定苗疆土司杨应龙叛变的播州之役。与巩固政权的播州之役和扬威异域的朝鲜之役不同,宁夏之役纯粹是一场由明朝黑暗腐朽的官场政治所引发的人祸。

因官场腐朽而起的宁夏之役

当时,虽然明蒙两军时常兵戎相见,明朝廷甚至以"华夷之辨"激发民众对敌热血,可边境上的双方百姓却日益融洽,不仅称兄道弟,走私往来,蒙古人甚至仗着自己的马上功夫，成群结队到明朝军队里充当骑兵，边境上竟然出现了"虏代墩军瞭望，军代达虏牧马"的奇特现象。

后来很多蒙古人以军功当上明朝大官，"宁夏之役"的主角哱拜就曾官至副总兵。但碍于他蒙古人的身份，一直为某些固守所谓"华夷之辨"的官员所不容，巡抚党馨便是其中一位。他屡次找一些"贪饷""欺压民众"之类小事打击哱拜，甚至寻个罪名将他的儿子哱承恩打了二十大板。经历此等不公正待遇，哱拜一气之下，杀了平素寻衅的党馨等人，占据宁夏城起兵造反，并拉拢边外的蒙古部落入塞。

朝廷很快对哱拜的叛逆之举做出反应，李如松、梅国桢、叶梦熊三名大将率军齐聚宁夏城。经过一番不成功的城墙争夺战之后，三人索性放了黄河水来个水淹七军。这一招果然奏效，城内马上沦为泽国，城墙在滔滔河水的冲击下崩塌多处。不久，明军从南北门两路破城，哱拜也在自己府中自杀。叛乱平息，大将们论功行赏，李如松被推为首功。只是他来不及修整便急匆匆奔赴遥远的朝鲜战场，另有一番伟业在等着他，只是苦了城内的数万老百姓，被这黄河水冲刷得一贫如洗。

"万历三大征"虽然都取得了胜利，朝廷暂时稳定了边疆局势，但花费巨大。据《明史》记载："二十年（1592年），宁夏用兵，费帑金二百余万。其冬，朝鲜用兵，首尾八年，费帑金七百余万。二十七年（1599年），播州用兵，又费帑金二三百万。三大征踵接，国用大匮。"巨额军费开支将张居正改革积攒下的充盈国库一扫而空，埋下了晚明经济崩溃的祸根。

PART 08
河套防线，攻守两难的抉择

　　万里长城万里长，长城从滔滔鸭绿江出发，飞越山峦和平地，跨过渤海与黄河，一头扎进荒芜的戈壁，一路上留下了多少动人的传说和瑰丽的景致！祖先给我们留下数不尽的长城遗产中，有"长城三大奇观"之说，其一为东面枕山襟海的"天下第一关"山海关，其二为西面丝绸之路上重要的关隘——嘉峪关，第三个名气却要小得多，那便是万里长城中体量最大的一座楼台，被称为"万里长城第一台"的镇北台。

　　镇北台，这座修建于明万历年间的楼台兼军事、贸易、外交于一体，通体青砖垒砌，高耸于陕北莽莽黄沙之上，从十几里外就能看到它擎天一柱般的身形。镇北台南面5公里外便是明代的九边重镇之一的榆林古城，古城以南北主街上被称为"六楼骑街"的六座各具特色的跨街建筑闻名，是古代陕北地区的交通、军事、商业重镇，素有"塞上小北京"之称，曾繁华一时。

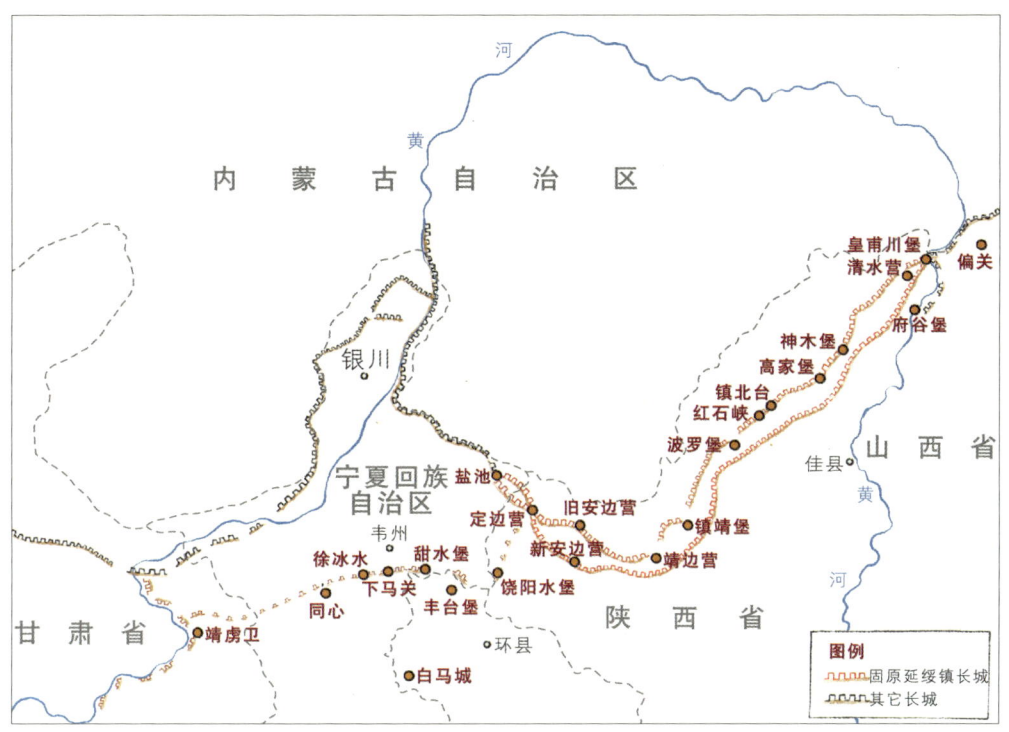

✕ 河套固原延绥镇长城分布示意图

搜套与修墙之争

明洪武二年（1369年），北伐的明军收复陕西，在陕北设置了延安卫和绥德卫，这可以算作是延绥镇的前身。明朝前期，陕西北部尚算安宁，因为北面还有阴山脚下山西行都司管辖的东胜卫顶在前面。等到土木之变后，东胜撤卫，明朝彻底放弃河套一带，陕西一下子便成了前线，战争接踵而至。

为了加强防御，朝廷于天顺年间设置延绥镇（即榆林镇），将绥德卫升格为镇府，管辖今天陕北及甘肃庆阳一带军事，并在陕西巡抚之外另设延绥巡抚以管理民事。

最初的延绥镇并未大规模建造边墙，大大小小的寨堡散布在黄土高原与毛乌素沙漠之上。失去了阴山天险后，蒙古部落控制了河套一带并逐渐渗透到陕北各堡寨之间，以至于巡边的官员惊呼："现在简直是敌人居于内部，而守军反而布于外侧了！"

成化初年，鉴于严峻的形势，时任延绥巡抚的余子俊上疏请求修筑边墙，专营防御，却遭到朝中以尚书白圭为首的兵部反对，说陕西民众劳役太重了，需要缓一缓。其实，当时兵部大员们打着自己的小算盘，那就是开展名为"搜套"的大型军事行动，对盘踞在河套的蒙古部落进行一劳永逸的清理。这项军事行动需要耗费的民力物力，远非修建边墙所能比拟，为了将有限的资源集中于进攻，兵部自然否决了余子俊的建议。这也拉开了成化年间搜套与修墙两派之争的序幕。

与堪称塞上江南的宁夏相比，陕北的黄土高原物产贫瘠、气候严苛，让承担后勤保障的官员民伕叫苦不迭。为了筹集经费，甚至预征了未来几年的税赋，以至短短几年时间，半个陕西的财政便陷入崩溃边缘，百姓生活困苦，社会动荡不安。

搜套行动开展多年，前后换了三任总兵官，最终只取得了几次防御性胜利，根本没有达到将胡虏驱逐出河套的目的，白白耗费海量民力物力。于是，余子俊于成化七年、八年（1471、1472年），再次联合陕西巡抚马文升上疏，力陈搜套方案劳而无功，对陕西民政破坏巨大、得不偿失，应及时撤回军队，改为修建边墙。

兵部尚书白圭对此大感不快，但他也明白搜套如一直持续下去，早晚会惹出民变。于是一改之前循序渐进的方案，下令总兵宿将王越轻兵疾行，直捣蒙古部落老巢，赶紧取得战果，了结此事。王越果然不负众望，短时间内连续取得了红盐池大捷和韦州大捷，令蒙古部落元气大伤，远遁河外。这次大捷虽然未能收复河套，但总算是给了兵部一个台阶，在一片凯歌声中，白圭不情愿地同意了余子俊的建墙方案。

寨堡变卫城，榆林曾经的荣光

一得到兵部同意，余子俊当即发动数万民伕，仅用几个月的时间便完成了边墙的修建工作。他的修墙方案考虑到当地地形，设计了两条南北平行的墙体：在毛乌素沙漠南缘平坦处修建夯土的"大边"，在大边南侧数公里至数十公里处的白于山上，采用"铲削边山"的方法修建"二边"。这两条边墙之间又辅以堡垒墩台，形成一条完整的链式防御体系。优点是，蒙古骑兵突破了大边防线后，会遭到大边和二边南北两侧的合击，如果在两道边墙中游走，则容易迷路，成为城堡驻军的瓮中之鳖。这条防线在余子俊任内修筑"二边"成功，继任者又陆续修建完成"大边"，军民们称其为"夹墙"或"夹道"。

成化十八年（1482年），蒙古人的一次入侵便在边墙内迷路，由此榆林"夹墙"声名鹊起，成为西北边疆长城的典范，后来大同、宣府长城建造时都进行了借鉴。

余子俊对于延绥镇的贡献并不只是修建边墙。早在之前的成化八年（1472年），他便将延绥镇守府从南面远离前线、消息不畅的绥德，迁移到边境正中的榆林，从此榆林从一个小小的寨堡摇身一变成为镇守卫城，以至于今日的国家级历史文化名城，延绥镇也逐渐有了"榆林镇""榆阳镇"的别名。

✕ 大边与二边形成的"夹墙",宁夏盐池县与陕西定边县交界处

✕ 六楼骑街,陕西榆林市

✕ 红石峡，陕西榆林市北

原先逼仄的寨堡定然不能容纳众多军民，在此后几十年的时间里，榆林城向北扩建一次，向南扩建两次，形成了今天南北长东西短的狭长格局，史称"榆阳三拓"。清代在明榆林城的基础上进行了部分改筑，将被流沙蚕食掩埋的北城废弃一部分，重新修建北城墙。民国时期因经历军阀混战和解放战争，榆林城墙遭到严重破坏，但东西城墙边长2200米，南北墙1100米的大体格局尚在，近些年政府投入巨资，修缮了西、南两边城墙及南门瓮城，让这座九边重镇焕发了新生。

榆林城因军事而生，城内南北走向的主街道上，依次排开鼓楼、凯歌楼、钟楼、星明楼、万佛楼、文昌阁六座带有明显军事色彩的建筑，称为"六楼骑街"。军事地位的提升带动了当地文化的发展，城边榆溪河两岸的红石峡成了文人墨客流连聚会的佳地，留下了数百幅石刻，堪称陕北一绝。

✕ 镇北台，陕西榆林市北的红山上

天下第一台，镇北台

除去榆林卫城的营造，明朝廷还先后修建了数十座戍堡。这些堡垒大都距山扼川，易守难攻，其中最险要的有"铜吴堡，铁葭州，生铁打造绥德州"之说，近代史重要的瓦窑堡会议就是在这里举行的。可惜当年余子俊倾尽心力建造的堡垒，现在只剩下夯土的墙芯。整个榆林除了卫城，其余长城和堡垒都已乏善可陈，只有"镇北台"以"长城上最大的墩台"之称声名远扬。

镇北台位于明长城正中，直面河套平原，台下紧邻的便是蒙古部落贵族进贡场所"款贡城"和互市场所"易马城"，战略位置和威慑作用极为重要。这座镇北台修建于万历三十五年（1607年），大体呈方形，周长约300米，上下4层高30余米。内有军士营房、女墙、瞭望孔等。顶层原有

× 香炉寺,陕西榆林佳县

一座楼橹,后坍塌。东西各有一个小城,东侧称为"款贡城",西侧称为"易马城",顾名思义,这里有两个互市市场。镇北台正是明军为了监视互市时双方动向而建。

明亡之后,清朝将蒙古部落纳入国境,榆林由边关变成内地,镇北台和互市市场也失去了原有的作用,逐渐被废弃损毁,墙体的包砖被周边百姓拆除做家用。近年来政府开发旅游业,重修镇北台,但"款贡城"和"易马城"未及修缮,夯土城墙仍裸露在外,与青砖包裹的镇北台形成鲜明对比。长久以来,这里是陕西唯一一个开放的长城景点,展示着延绥镇过去的荣光。

拥有最好烽燧台的固原镇

明朝时，固原属于陕西省管辖，当时的陕西省和今日的陕西省区域划分上大有不同，那时不光八百里秦川，整个宁夏、甘肃，加上青海省会西宁都属陕西布政使司统一管理。这里三面邻敌，可以说是西北边防的重中之重。但这片区域，在军事上却分为延绥、甘肃、宁夏三个互不隶属的军镇，彼此之间各管一摊缺乏合作，甚至互相拆台。成化年间，边患猖獗，三镇协作不力，让蒙古铁骑几次深入到六盘山一带劫掠，最终惹恼了陕西官员，将这种情况上奏朝廷。

为了改变这种各自为战的局面，成化十年（1474年）朝廷任命刚刚在红盐滩取得大捷的左都御史王越开府固原，总督延、甘、宁三镇军务。后来，这个职位又先后得名"三边总制""三边总督"，权力也一步步提升，一手包揽了陕西省的军马、钱粮调度，并能节制三个军镇的总兵、巡抚。清代刘献廷的《广阳杂记》中记载："明三边总制，驻固原，军门为天下第一，堂皇如王者。其照墙，画麒麟一、凤凰三、虎九，以象一总制三巡抚九总镇也。"从设立到明朝灭亡，众多文臣武将都曾到此就任，如除掉宦官刘瑾的良臣杨一清，如投降清朝的洪承畴。

固原镇地处黄土高原中部，管辖范围东起今陕西定边县的饶阳堡，西至洮河北岸的峪口石崖，为延绥、宁夏、甘肃三镇环卫，地势南高北低。东北面通过平坦的丘陵农田、高山草场与宁夏镇相连，宜农宜牧；西南面的六盘山则历来就有"山高太华三千丈，险居秦关二百重"之誉。

明弘治十五年（1502年），秦纮总制陕西三边时修筑固原边墙，"自徐斌水（今宁夏同心县东北徐冰水村）起，迤西至靖虏卫花儿岔（今甘肃靖远县西北水泉镇）止六百里，迤东至饶阳界（今陕西定边姬原乡辽阳村）

× 丰台堡，陕西宝鸡千阳县

止三百里"。此后又修筑了白马城、下马关、红寺堡等多座城堡。嘉靖年间又将靖虏卫西南沿黄河东南岸修筑的墩台加筑长城穿过今兰州市，并顺洮河东岸向南延伸到今岷县境内。

固原镇曾经设置了新旧两道边墙以拒敌，但大部分地段或是采用铲山挖壕的速成工艺，或是直接利用河道、沟壑的"深险大沟"，故今日保存下的连续墙体并不多，较好的只有下马关东至甘肃环县的一段边墙，其余大部分地段只有烽燧遗存较为明显。

固原镇长城墙体和墩台修筑方法与延绥、宁夏等西北地区别无二致，都是以夯土垒砌为主，很少有包砖段落，然而当地土质黏性较差，易受风化和降水侵蚀，很多段落随着岁月流逝就此消失。

值得一提的是，固原镇与宁夏镇同样在烽燧墩台上大做文章，宁夏镇是设置了数不清的十连墩用以报警，而固原镇烽燧的坞墙围拢面积则明显

昔日雄关今何在 —— 179

✕ 下马关城堡，宁夏吴忠同心县

大于其他军镇，很多还设置有双重、三重甚至四重坞墙，墙外挖壕沟环卫，几乎就是一个小型戍堡的体量。很可能是因为西北贫瘠，当地军民为了节约成本和军力，将燧烟与戍守结合了起来，这也就成了固原镇独有的特色。

1935 年，毛泽东率领红军长征跨过六盘山。时值金秋，征雁南飞，红军北上，毛泽东俯瞰固原平原上的长城，写下《清平乐·六盘山》，著名的"不到长城非好汉"诗句即出于此。

PART 09
辽东长城，重新定义明长城东端点

　　在辽宁抚顺新宾满族自治县，有一座赫图阿拉故城，"赫图阿拉"是满语，意为"平顶小山岗"，这座古城就建在一座东西走向的小山岗上。赫图阿拉城建于1601年，努尔哈赤出生在这里，并在这里建立了后金政权，所以这里也被史学界称为"清朝第一都城"，是满族的启运之地。不仅努尔哈赤，像皇太极、多尔衮等诸多清前时期的重要人物都是出生在这里，这里孕育了掐断大明王朝最后一丝气息的力量，敲响了大明王朝最后的丧钟。

　　抚顺市境内有明长城约110公里，包含烽火台、城堡、关隘等防御设施两百多处。在赫图阿拉故城以西近百公里处的前甸镇关岭村，是当年辽东长城抚顺关的所在之处。如今这里已经找不到昔日关隘的遗迹，关城早已被拆毁，能找到的唯一一些残破的青砖散落在田间地野，以及一块刻有"抚顺关与马市"字样的文保碑立在此处，证明这里就是当年抚顺关所在地。

　　曾经绵亘千里的辽东长城，就如同当年风光的抚顺关一样，早已没有了往日的风采，甚至有些被遗忘，但是它所承载的历史价值和意义，却值得人们继续去发掘。

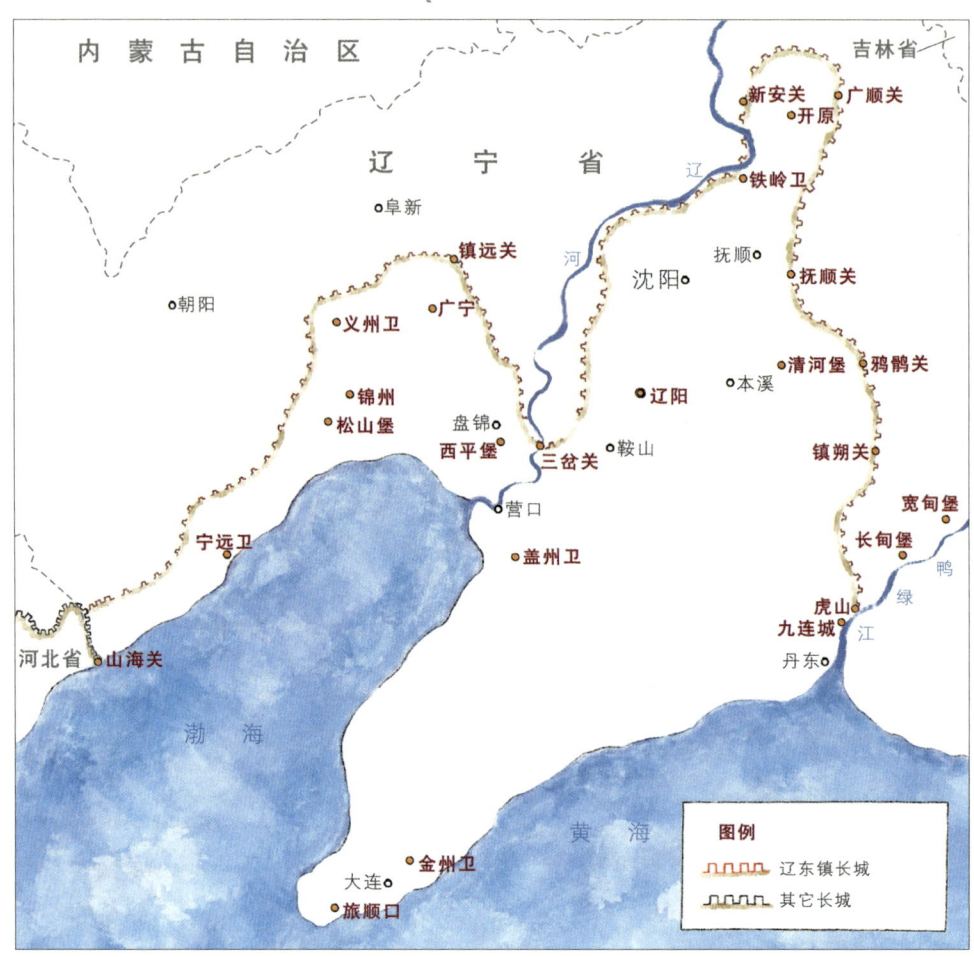

✕ 辽东长城分布示意图

女真"国舅"守辽东

明朝初年,击败元朝残军后,明朝廷将东北大地及库页岛纳入大明版图,在黑龙江入海口设立奴儿干都司进行管理。但辽阔的东北黑土地上并没有几个汉人,以蒙古、女真、达斡尔等民族为主,他们不通汉语、不会耕种、靠渔猎为生,与汉族存在巨大的隔阂。

因此，明政府因地制宜，对文化程度较高的辽宁实施直接管理，而对吉林、黑龙江一带的原住民采取了羁縻政策，设立一百多个卫所并任命当地酋长为长官，给印世袭允许自治，并责成他们每隔几年进京入贡述职并接受封赏。这些羁縻部落半渔半牧、居无定所。散落在东北大地的女真人为逃避越来越寒冷的气候，便逐渐从黑龙江南迁到辽宁一带。

永乐元年（1403年），明成祖为了宣扬自己的"正统"，大肆封赏内外华夷，一个女真部落的酋长阿出哈和明成祖有翁婿之谊，被封为"建州卫"指挥使，他随即举荐自己的亲戚猛哥帖木儿，称他勇猛有才干，可堪大用。这个猛哥帖木儿拿着举荐信万里迢迢去觐见明成祖朱棣，并将一个妹妹献给明成祖为妃子。明成祖大为欣喜，当即封他为官，并赐予金印、官服，不久又从建州卫里析出一部分，称作"建州左卫"，委任他做指挥使一职，后来又从左卫中析出右卫，由他弟弟任指挥使。

建州三卫原本十分弱小，依附于辽东镇北境，时不时受到其他部落和东面朝鲜国的欺压，自从成了皇亲国戚以来，却靠着大明这个强大的靠山招徕了不少各族民众，逐渐强大起来。猛哥帖木儿还曾多次跟随明朝的征讨大军与蒙古部落作战，立下不小的战功。建州女真因此被明朝视为"属夷"或"熟夷"，也就是听话、懂得些许汉文化的蛮夷部落，而相对更北的黑龙江"野人女真"则被归为"生夷"。

重金打造的辽东长城能挡住谁

明初沈阳以东有"国舅"守边，大抵还算安宁，以西则是时叛时臣的

✕ 虎山长城，辽宁丹东市东 15 公里的鸭绿江江畔

蒙古兀良哈部，朝廷对他们从未掉以轻心。早在明英宗年间，辽东定辽前卫指挥佥事毕恭便修建了大体从绥中到辽河的辽西边墙。又过了一段时间，曾经恭顺的建州三卫也蠢动起来，多次掳掠、抢劫汉人。为了防备他们，弘治年间辽东巡抚张鼐又将边墙延伸到靠近鸭绿江一带。等到万历年间，辽东边墙全部修建完工，从鸭绿江畔的虎山直到山海关北的吾名口，分为辽东山地、辽河平原和辽西丘陵三大区段，总长近千公里，配套城堡二百余座，大体成一个"M"形走势。

嘉靖至万历年间，明朝九边风声鹤唳，长城防线被蒙古人打击得如同筛子一般，唯独由大将李成梁坐镇的辽东镇稳如泰山。史载他多次出边"捣穴"，惩罚图谋不轨的蒙古和女真部落，斩获渠帅、酋长不可胜数，获封"宁远伯"。

李大帅虽是一介武夫，却也深谙胡萝卜加大棒的道理，他一手敲打不

× 宁远卫城，辽宁兴城市老城区

臣的蛮族，一手拉拢可靠的部落。早年投奔他的一个女真少年，由于聪慧顺从，还是猛哥帖木儿的直系后裔，被他一步步提拔为"建州代理人"。可惜人算不如天算，这个少年久居汉地，看透了明朝的腐败与无能，到他得到建州大权后，马上恢复先祖的国号"金"，后又发布"七大恨"宣言，称明朝和他有杀父之仇、夺妻之耻、欺凌之恨，宣布与明朝进入战争状态。这个少年就是清太祖努尔哈赤。

万历四十六年（1618年），努尔哈赤对明宣战以来，当年便攻打抚顺关，一封书信便吓得坐拥雄关的守将李永芳献城投降。第二年，努尔哈赤又以少胜多击败明朝四路征讨大军，取得萨尔浒大捷。天启元年（1621年），努尔哈赤在蒙古内奸的配合下攻取重镇沈阳，血洗城中汉族百姓，仅仅七天之后居然又马不停蹄攻占辽东副总兵驻地辽阳，辽东经略袁应泰兵败自缢而死。次年，得到暗通款曲的明朝游击将军孙得功为内应，努尔哈赤兵不血刃轻取辽东镇府所在地广宁城，民众出城三里迎降，而辽东经略熊廷弼和巡抚王化贞不战而逃，一直撤退到山海关内。

在后金军的铁蹄践踏和蒙、汉内奸的诱降下，不到十年间辽东镇百余个城池仅仅剩下山海关前的宁远、锦州等零星几个城池还在坚守，可谓全辽尽失矣。此后虽有袁崇焕取得宁远大捷，却已是回天乏术，十几年后明朝在内外交困中灭亡，中国历史进入了一个新的轮回。

费尽万金建造的辽东长城在后金军队的进攻之下可以说是形同虚设，腐朽的明军畏敌如虎不堪一击，让这条防线没能起到任何像样的抵抗。

鲜为人知的辽东长城

等到清军入关之后，失去作用的辽东长城日渐毁坏，建在辽河畔的部分在河水的冲刷下早已没了踪影，其余平原上的部分也在自然和人为的共同作用下损毁殆尽，只剩下山区的段落还有迹可循。

在虎山长城被发现之前，明长城的东起点一度被认为是蓟州镇的山海关。虎山位于鸭绿江边，因两个山峰并立如虎耳而得名。虎山长城始建于明成化五年（1469年），辽东长城的修建主要是为防御北方蒙古残余势力和女真各部，而虎山长城则主要是为防御建州女真而建，建成后的长城为抵御外敌入侵发挥了很大的作用。但存在了近二百年的虎山长城，在清太宗皇太极开始修建"柳条边"时，几近湮灭。

柳条边是17世纪后半叶清朝在东北地方兴建的堤防壕沟。清朝统治者视满族兴起的东北为"龙兴之地"，为保障这一地区"参山珠河之利"不被朝鲜人破坏，并防止外藩入侵，于是沿东北地区边缘深挖壕沟，沿壕植柳，谓之柳条边。

因为柳条边的修建，辽东地区的长城包括虎山在内，大部分自然坍毁或被人为拆除了，余下的星星点点也几乎湮没在历史的风沙雪雨当中。满族入主中原之后，也有意掩盖明朝曾在辽东修筑长城的历史，将长城的东起点说成是山海关，以至于后来的很长一段时间，人们都误将山海关当作明长城的东端起点。

"故终明之世，边防甚重，东起鸭绿，西抵嘉峪，绵亘万里……"其实《明史》中已明确记载长城东起自鸭绿江。

直到20世纪90年代初，文物考古部门发掘出虎山南北连绵不断的长城墙体和墙基，经过罗哲文等一大批长城专家学者实地考察认定为万里长城东端起点，才使历史得以反正。

近年文物专家、学者经过考察，基本摸清辽东明长城走向和分布，但由于研究开展较晚，历史记载缺如等原因，仍有很多段落未完全探明，这使得辽东长城成为万里长城中最为神秘的部分。

第四章

走入近代的长城

从明代中后期开始,已经有人在利益的驱动下,不顾朝廷禁令,越过长城进行走私交易。清朝主政中原后,失去军事功能的长城正式由原本的交兵之地渐渐变为商贸的通道,在长城沿线还诞生了不少重要的贸易集散地。清晚期,西方以坚船利炮叩开了天朝上国的大门,游牧、农耕、海洋三种文明在此交汇碰撞。到20世纪30年代,面对日本侵略者的铁蹄,长城再一次肩负起捍卫中华民族的历史重任⋯⋯

长城的身份一直在转变着。

PART 01
长城身份的转变：从关塞到贸易通道

早在明朝中期，不堪朝廷繁重税负压迫的山西人便三五成群地跑到长城外，投奔土默川上的蒙古俺答汗部落，将农业、医术、手工传授给对此一窍不通的蒙古族。数十年间将原本只是一个大牧场的土默川改造成了良田万顷的膏腴之地，让俺答汗的经济实力得到极大提升。俺答汗几次入塞又掳掠了众多人口，他们和之前出逃的难民在这片土地上繁衍生息，竟达十数万之多。这些人被蒙古族称为"板升"，也就是"百姓"的谐音，他们兼具山西人和塞外人两种身份，后来晋商能够顺利在蒙古地界从事贸易，少不了这种血缘、文化纽带的帮助。

长城内外兵祸止商贸兴

明朝末年，兵起辽东的满族人在吞并土默川后，曾与明朝隔长城对峙，大批的山西商人不顾朝廷禁令，与清朝（1644～1911年）开展走私交易，向他们提供了大量的军事、民用物资。夺取天下后，满族统治者曾在紫禁

× 杀虎口关，山西朔州右玉县

城设宴款待有功于国的八位山西商人，对他们加官晋爵，封他们为"皇商"。清朝早期，朝廷对长城两侧的汉蒙交流限制颇多，唯独对山西商人网开一面，允许他们出入蒙古族地带进行贸易，显然是对他们之前"从龙（效忠清政府）"行为的投桃报李。

17世纪的东北亚风起云涌，哥萨克探险家沿着西伯利亚丛林一路来到太平洋。精明的山西商人嗅出了利益的味道，他们不远万里穿越蒙古高原与西伯利亚定居点的俄罗斯殖民者接上了头。留着金钱鼠尾的清朝商人和络腮胡子的哥萨克们相谈甚欢，一拍即合，商定用中国的茶叶、丝绸、瓷器等特产来换取俄国境内毛皮、药材和银器等物品。

在巨大利益的推动下，一波又一波的山西商队前仆后继，涌入荒凉的蒙古高原。从山西向北而行，必然要经过已经废弃的长城。清朝早期出于避免文化冲突的考虑，限制蒙汉两族人自由迁徙，令两族以长城为界，只有持有许可证的部分汉族商人可以通过长城直入蒙古高原，久而久之，旧时的长城关口演变成了南来北往货物的中转站。贸易交流给汉蒙边境地区带来了巨大的变化，曾经剑拔弩张的关口，摇身一变成了商品集散地，钱庄票号、旅店饭堂塞满了本就不大的边塞城堡，商旅如云、辐辏相连。

走西口，还是走东口

随着长城内外的商贸往来不断频繁，很多昔日的长城重要关口成了贸易聚散地，其中最著名的当属山西西北角的杀虎口，以及现今河北省的张家口。那时候，晋商做生意分为走西口和走东口，西口就是杀虎口，而东口就是张家口，从这里经张库大道到蒙古高原和俄罗斯。

杀虎口

杀虎口，也称西口，位于山西省朔州市右玉县境内晋蒙两省交接处，两侧高山对峙，自古便是南北重要通道，至今大同至呼和浩特的公路仍经由此地。杀虎口在明末便已经是方圆数百里规模最大的互市口岸，到了清朝，边境贸易让其更为繁华喧闹，南来北往之旅客，内外西东之货物都在这里进行交接，一时天下水陆之珍奇荟萃于此。最热闹时每天都会开几场接风宴。

"哥哥你走西口，小妹妹我实在难留……虽有千言万语难叫你回头，只盼哥哥你早回家门口。"一曲哀怨绵长的《走西口》唱出了多少行商家庭的悲欢离合。然而，与苦撑家业的留守妇人们不同，远行的商人们境遇并不像传说中穿戈壁、蹚朔漠那般艰苦。在贫瘠的蒙古地区，商人的地位堪比王侯，他们带来的内地特产让当地牧民趋之若鹜。一块内地上不得台面的砖茶能换一张上好羊皮，给谁不给谁全凭商人一句话，完全的卖方市场。为了巴结这帮晋商老爷，当地贵族大户让他们住最好的帐篷，用最好的毛皮和布料装饰，甚至将妙龄少女送入帐中。对此晋商们当然全部笑纳，这些蒙古小妾和生出的子女有的跟随他们回乡，有的就留在蒙古，蒙汉两族的血脉就这样交融在一起。

张家口

另一个著名出口当属有"东口"之称的"张家口"。这个小关本是偌大宣镇下一个不起眼的口子，后靠着开马市逐渐红火起来。然而，明末战乱，张家口一带社会结构分崩离析、农业生产陷于停滞，大批流民跨过长城，进入草原。

清初，八旗贵族看上了这片宜农宜牧的地方，跑马圈地，将这里瓜分一空，然后招徕蒙汉农牧民来到他们的庄园生产，倒使张家口逐渐恢复昔日光景。

清雍正二年（1724年），为了协调管理长城内外与日俱增的蒙汉人口，朝廷设置张家口理事同知厅，当时尚属设置在宣化的口北道管辖。后来，随着蒙汉交流加深，出关讨生活的民众和往来商旅越来越多，彻底改变了这个边塞小城的状况。

被称为草原茶叶之路的"张库大道"便是从张家口出发，经库伦（今蒙古首都乌兰巴托），到清俄边界的恰克图（又称买卖城，现属俄罗斯），以山西商人为主的商队昼夜不歇地行走在这条大道上。当时运输货物的工具是骆驼和牛车，骆驼商队每年秋季出发，直到冬季返回；牛车也称老倌车，一般是春季出发，秋季返回。在张库大道上经营的商户，清初为80家，道

✕ 张家口堡商号旧址，河北张家口市

光年间增至 260 家，同治年间则达 530 家，到民国初年，仅大境门外的店铺就达 1500 多家。1909 年，由中国人自己设计和修建的第一条铁路——北京至张家口的京张铁路竣工，更加强化了张家口的政治、经济地位。1918 年，我国第一条国有公路——张库公路也建成通车。自此张家口的重要性超过了宣化，到今日竟将九边重镇之一的宣化府纳为辖区内一个普通的县城。

除了杀虎口、张家口，独石口、得胜口、河曲的西口古渡都曾是长城沿线重要的贸易通道和货物集散地。中原文化从这里走向遥远荒凉的蒙古草原，绥远城、包头城、多伦城在草原上拔地而起，街市繁华。贸易往来也铸就了晋商三百年的辉煌历史。这个集贸易、金融、政治于一身的地域集团深刻影响了清朝的政治决策。然而，随着社会变迁，旧有的政治、经济秩序被打破，晋商建立起来的贸易金融体系由于不能适应时代变化而被淘汰，这些红极一时的长城关口也重归寂静。

PART 02
八台子长城，近代中西方文明的交汇

　　山西省大同市左云县八台子村，应是唯一一处长城与教堂握手的地方。这里地处晋西北的黄土高坡上，偏居塞上苦贫之地，却引来游牧、农耕、海洋三种文明在此交汇，曾经碰撞出夺目、灿烂的火花。

晋北黄土地上凋零的夯土长城

　　1368年，随着元顺帝北逃，元朝走到了尽头，蒙古人重新做回草原上来去如风的"蛮子"，不时劫掠大明的北部边疆，采取的游击战术让守军疲于奔命。明朝政府不堪其扰，发动民工大规模修建长城。山西由于正对蒙古人的巢穴——黄河河套及阴山南麓，遭遇的袭扰更为肆虐，于是在数百里的防线上，前后建有新旧三道长城，其间星罗棋布着近百个军事戍堡，各处烽火相连、遥相呼应，成为晋北大地上的一道奇观。

　　八台子村这段长城为大同左卫宁鲁堡所辖，始建于明嘉靖年间，就地取材用了当地的夯土。那时财政紧张，不仅长城，就连守口的宁鲁堡都没

✕ 八台子村的教堂遗址，山西大同左云县

钱包砖。等到万历年间（1573~1619 年），经过张居正财政改革后税收大增，总算有钱给宁鲁堡"穿衣戴帽"，可惜这等好事还没来得及轮到八台子村长城的边墙，大明便亡国了。于是几百年间，这段长城一直赤裸着黄土造就的躯干，从北面高耸入云的摩天岭一路横铺过来，襟山带河，未做盘桓又向着远方伸展而去。

几百年的风雨侵袭和人为破坏，让曾经坚不可摧的长城遍体鳞伤，昔日高大的墩台颓杞坍塌，城墙上掏空的储物洞随处可见，邻近公路的段落甚至被整体夷平，化作齑粉。但这条黄土巨龙的身躯从未倒下，远远望去，它仍然是这片大地上最为耀眼的风景。晋北荒凉的黄土地上，在它脚下遗撒了无数个凋敝的小山村：八台子、十里堡、三十二墩……这些名字单调无趣，一看便是依据附近的墩台成堡个数命名，如果不是那段惊天动地的历史，八台子村也会像无数个村落一样埋没在历史长河的最底层。

建在长城边的教堂

八台子村所在的晋北地区是传统的农耕地区，盛行的佛教道教本与西洋宗教格格不入，但随着大航海时代的到来，基督的"福音"传播到这里只是时间问题。17世纪初，山西便有基督教信徒活动，只是在当时风雨飘摇的中国发展信徒的进程十分缓慢。直到鸦片战争之后，基督教的传播加速发展，山西的信众逐步增加。1890年后，晋北一带的基督教活动由意大利神父艾士杰领导，在他的经营下，10年晋北间扩建教堂60余座，至1900年教区内已经有教徒17000余人，外国教士10人，本国教士21人。

基督教在晋北大发展的背景下，一批传教士于1890年来到八台子发展信徒（早在乾隆年间，便有零星教士到此传播福音，当时未掀起太大波澜），他们修学校建医院，接济穷苦群众，赢得了当地百姓的好感。很快一座教堂在长城边拔地而起，竟招揽了周边州县的数百信徒。

1900年6月，一群身着红衣、头戴红巾的义和团拳民们出现在山西榆次，据记载他们"头裹红巾，腰缠红带，累日面向东南焚香念咒，随即扑倒在地僵卧，醒后如痴如癫……每晚练习，咸以保国灭教相号召。"

这群打着"扶清灭洋"招牌的好汉们，见电线就剪，见铁路就扒，一切与现代文明沾边的东西，在他们眼里都成了洋人破坏大清风水的罪证。慈禧老佛爷一句"民心可用"，为这场疯狂的行动披上了合法的外衣。在见风使舵的山西巡抚毓贤扶持下，义和团发展迅猛，1900年7月发生了官方一手导演的太原府屠杀教民事件，并很快席卷了山西全境，数月间近两百名教士、六千余名教民无端被害。

八台子虽偏处塞上也未幸免刀光之灾。在几位"刀枪不入"的义和团团员的带领下，拳民们雄赳赳气昂昂来到这里，拆毁了教堂，屠杀了数百

✕ 八台子长城，山西大同左云县

名"将灵魂卖给洋和尚"的信徒。"剧情"很快反转，没过几天八国联军便在京城百姓的夹道围观中开入了四九城。西狩长安的老佛爷慌忙答应了洋人提出的一切条款，第一道圣旨便是大肆捕杀义和团成员。几年之后，她做出一副满怀悔恨的姿态对外国公使夫人们讲，当年实非我愿，都是拳匪奸臣误国。

　　如今，教堂仍然伫立在村子北面的高地上。说是教堂，却只残存一座哥特式钟楼了，当地人起名"大单巴"，大概是希冀与澳门的"大三巴牌坊"遥相呼应。殊不知"三巴"来源于粤语"圣保禄"的谐音。残垣断壁的教堂，毗邻饱经风霜的长城，百年以来彼此依偎，俯瞰着这片荒凉土地上深一道浅一道的沟壑。

　　穿过村子，走过这段土路，仰望饱经摧残的钟楼，上面布满精致的雕刻，整齐的棂窗、生动的花瓣，充分展示了山西砖雕的精湛技艺。其间，"反修楼"三个大字清晰可见。当年义和团被镇压后,清朝廷的赔款和补偿随即发放到了教会手中,教民们在原址不远处重建了高大雄伟的教堂。20世纪60年代,教堂重又沦为废墟,只剩下今日的残垣。

教堂边贫穷的村落,本就人丁稀少,现在近半房屋已然颓杞坍塌。城市化的飞速进程和交通方式的日渐快捷,吸引了越来越多的年轻人离开祖祖辈辈居住的乡村,去城市中寻求更广阔的天地,只剩下故土难离的老人靠着微薄的农牧业耕作,艰难打理着日渐萧条的故乡。黄土颜色的村子满眼是空无一人的荒芜庭院、黝黑空洞的废弃老宅、朽化跌落的雕花窗棂,无一处不散发着寂寥、颓败的气息。只有每日结队出现的羊群,为这凝固的风景填上一丝鲜活的气息。

PART 03
长城抗战，烽烟再起

长城这道农耕帝国抵御游牧政权侵扰的坚实壁垒，在清王朝入主关内、一统长城内外后，一度零落于荒烟蔓草之间，却没想到在几百年后的20世纪30年代，又再次担负起捍卫中华民族的重任。

1931年"九一八事变"发生之后，张学良的东北军撤回了山海关内，将东北拱手相让，日本兵不血刃占领了东三省全境，并扶植建立了伪满洲国，将战火烧到了长城脚下。至此，轰轰烈烈的长城抗战拉开了序幕。中日两军争夺的焦点是燕山山脉的长城各关口及附近制高点，因此这次抵抗日本侵略的战争被称为"长城抗战"。

长城抗战经历了三个阶段。第一阶段，日军进犯山海关，中国守军奋勇抵抗，打响了长城抗战的第一枪；第二阶段，日军向热河（旧时关外东北四省之一，辖区涵盖今内蒙古、河北、辽宁的部分地区）发动进攻，热河抗战打响。由于那时中国国民政府尚未下定抗战的决心，热河很快沦陷；第三阶段，日军占领山海关、热河后，中国军队退守界岭口、喜峰口、冷口、古北口等100多个长城各关口，先后投入总兵力35万多人。从1933年3月4日开始，日本分兵进攻长城各关口，遭到中国守军的顽强抵抗，进行了3个多月激烈战斗。

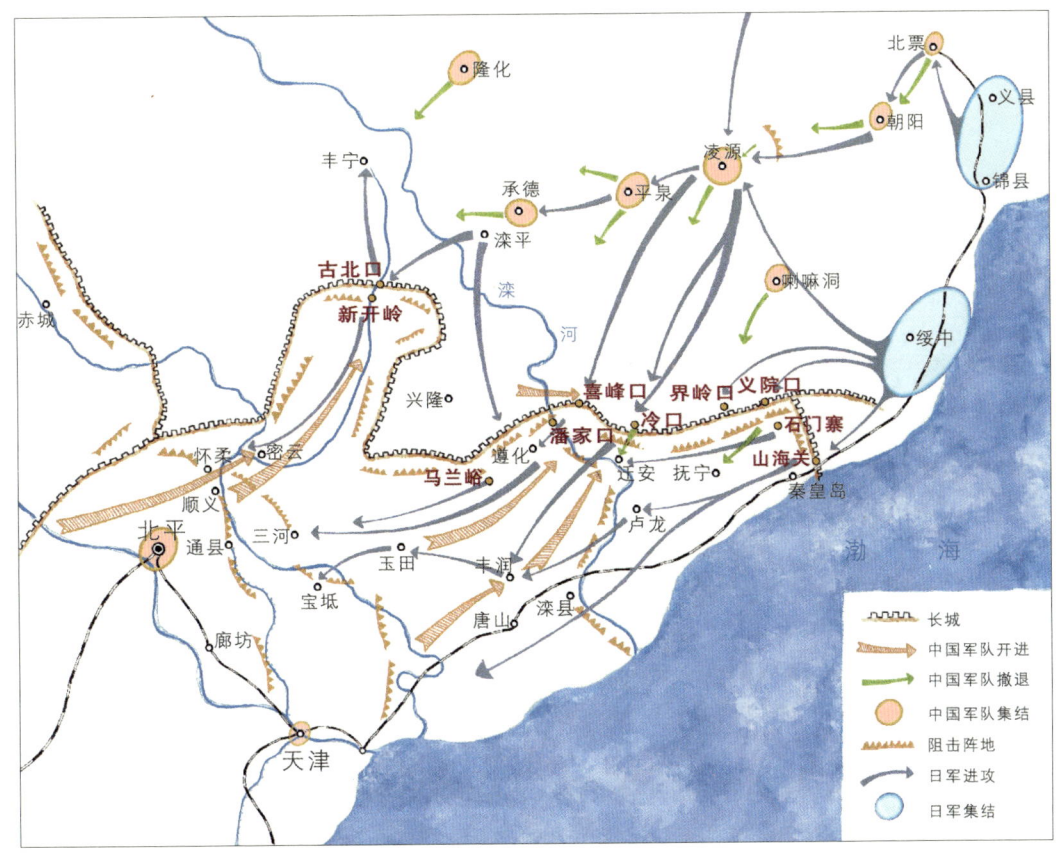

✕ 长城抗战形势示意图

山海关，打响长城抗战的第一枪

长城以北的热河是连接东北与华北的重要地带，占领东三省之后，热河成为日本侵略者新的目标，意图吞并热河，占领山海关。

山海关古称榆关，自古是中原通往辽东的咽喉要道，到了近代依然是出入东北之门户，也是热河、辽宁、河北三省之枢纽。1901年，八国联军攻入北京后和清政府签订了《辛丑条约》。根据这一不平等条约的规定，日本等国可在天津至山海关铁路沿线安排了驻军。日军营盘距离山海关城不到2公里，监视山海关轻而易举。

1933年元旦，日军突然挑起了战火，进犯山海关。山海关守军将领何柱国下令坚决抵抗，并发布的《告士兵书》中写道："愿与我忠勇将士，共洒此最后一滴血，于渤海湾头，长城窟里，为人类张正义，为民族争生存，为国家雪奇耻，为军人树人格，上以慰我炎黄祖宗在天之灵，下以救我东北民众沦亡之惨。"

最终，坚持了3天的何柱国部伤亡惨重，不敌撤退，但却以英勇抵抗日军侵略，打响了长城抗战的第一枪。当时的媒体将他誉为"华夏一柱"。据《申报》当月7日的报道，日军占领榆关城之后，在四城门上悬挂日本国旗，随后在城内展开了搜索，凡是见到有穿着军装或者拿着武器的人立即枪杀。见到青年或者学生模样的人，指为义勇军，有的直接杀害，有的则关押起来。全城内外的建筑物被炮火损坏者十分之七，百姓伤亡也大约在此比例。山海关内尸骸遍地，满目疮痍，古城精华毁于一旦。紧接着，日军向山海关以北的九门口发起进攻，继山海关之后，九门口要塞陷落，日军继续向热河推进。

1933年2月21日，热河抗战爆发，经过开鲁、朝阳、北票、阜新、赤峰等一系列战斗，日军逼近承德，而在热河对日作战的守军一触即溃，热河省政府主席汤玉麟弃城而逃。短短十几天内，热河就已失守。60万平方公里土地轻易落入日军手中，中国军队退至长城各隘口据险固守。

冷口、喜峰口战役

榆关和热河失守之后，日军挥兵长城各关口，威胁平津。全国舆论一片哗然，纷纷斥责国民政府对日不抵抗政策。三月上旬，日军从冷口、喜峰口、古北口三个方向对长城一线发起进攻。

冷口关战役

冷口即冷口关，位于河北省迁安市东北方向大约30公里处，是进入华北的重要关隘，历朝历代均派驻重兵把守。1933年3月4日，日军占领冷口关，但三天后即被第32军第139师收复。19日，日军再次发起进攻，被守军击退。4月7日，日军集结重兵，在坦克、大炮的配合下再度进攻冷口，中国守军拼死杀敌，双方损失惨重，至4月11日，防守冷口以西白羊峪关城的守军伤亡殆尽，防线终被日军突破。

冷口一战历时月余，冷口失守，喜峰口的侧翼暴露在日军面前，守军腹背受敌。此后，中国军队在长城沿线及滦东地区的战局陷入非常不利的局面。

喜峰口战役

1933年3月9日，日军进犯河北遵化东北方向大约50公里的喜峰口，占领北侧长城线及喜峰口以东的董家口，图谋两天内占领长城。中国军队在喜峰口与日军展开了激战并重创日军，这是自"九一八"侵占东三省以来，日本遭受到的最顽强的抵抗。日军不可战胜的神话被打破了，也使日军遭受了"60年来未有之侮辱"。

此役毕，人民欢腾，军心大振，中国守军第29军名扬长城内外，尤其是他们的大刀队在此战中大显身手，中国人民耳熟能详的《大刀进行曲》就是当时著名作曲家麦新专为29军大刀队创作的。后来，中日两军在喜峰口又经过多次激战，因冷口陷落导致腹背受敌的29军最终不得不弃守喜峰口。

冷口战役、喜峰口战役的同时，中国军队与日军在界岭口和义院口也激烈交锋着，战斗互有胜负，呈拉锯态势。日军于3月16日向界岭口进攻，守军仅做了象征性抵抗即撤退，界岭口被日军占领。日军进而攻入长城以内，随即又后撤，退守界岭口。之前弃守界岭口的守军重新调整部署之后，借日军后撤之机会发起反攻，后与日军于长城沿线对峙。而义院口几度攻守相易之后，最终于3月底失守。

古北口战役：长城抗战中最悲壮一役

长城抗战中作战时间最长、战事最为激烈、中国守军损失最惨重的，非古北口之役莫属。

位于北京密云与河北滦平交界之处的古北口（当时密云尚属河北），是长城的重要关口之一，与居庸关一东一西扼守京北，是当时承德往北平的咽喉要道，可以说是北平之门户。

日军占领承德后，向南追击并进犯古北口，北平门户告急。1933年3月11日，在古北口外，中日军队发生激烈战斗，中国军队三次击退日军进攻，但代价也十分惨重。13日，中国军队撤至密云，日军也暂停了进攻，直至4月中旬。

4月21日，日军开始猛攻南天门各高地，中国军队坚守并反击，鏖战至28日，在猛烈炮火轰炸下，南天门高地几乎化为焦土，守军被迫南撤。持续数十日的古北口抗战，中国军人死伤近万，日军伤亡者近四千人。

古北口战役虽以失败告终，但守军的热血抗敌激励起更多中国人拿起

古北口，北京密云区

武器，走上了抗日救亡的道路。砖石筑就的长城虽被攻破，但血肉之躯筑起的新长城正渐渐矗立起来。

长城抗战最终失败

1933年3月中旬后，在长城各口没有占到太多便宜的日军决定改变战略，在进攻各关口的同时，派军由山海关进入，意图攻击滦东各县，进而占领冀东地区。滦东地区主要是指建昌营以南、滦河以东以及东南至沿海地区，包括今迁安、迁西、卢龙、抚宁、昌黎、青龙、山海关等地，位置十分重要。

3月下旬,日军对抚宁的进攻被击退,中国守军收复了一些阵地,但是由于4月冷口、界岭口的再度陷落,中国守军向滦河以西撤退,滦东地区失守,日军兵锋直指平津。但是日本方面认为此时占领华北条件尚未成熟,于是将主力撤回到长城一线,中国守军随之收复了部分失地,但此举被日本认为是向他们发起的挑战,遂再次入关作战。至5月下旬,日军已先后占领丰润、迁安、遵化、唐山、玉田、蓟县、三河、香河、平谷、密云、怀柔等县市。

后来,中方和日方在北平达成协议,决定双方在顺义、通县、香河、宝坻、宁河、芦台全线停火。而此时中国守军傅作义第59军正与日本第8师团进行作战,接到命令后只得停止战斗,向后撤退。这场战斗成为了长城抗战的最后一战。

从4月11冷口的陷落使喜峰口守军不得不撤出战斗,再到其它各口守军也陆续后撤,至此,历时三个多月的长城抗战失败,并以签订丧权辱国的《塘沽协定》告终。客观上讲,长城抗战失败的重要因素是中日军队武器装备相差悬殊,但国民政府迟迟没有下决心抗日,奉行"攘外必先安内政策",对日本"一边抵抗、一边交涉"的做法也是导致失败的重要原因。

晋察绥地区的内长城防线抗战

晋察绥地区,指的是山西省、察哈尔省和绥远省。此三省位于华北西部,是大西北的战略屏障。日军若想全面占领华北,则必先图此三省。在"卢沟桥事变"后,中国军队与日军在内长城防线也进行了一系列的战斗。

南口—张家口战役

南口位于今北京的西北方向，是八达岭—关沟防御体系的最南端。清朝末年，詹天佑主持修建的京张铁路使南口成为铁路枢纽及军事重镇。

1937年7月7日，日本发动震惊中外的"七七事变"，全面侵华战争由此展开，日军以北平为据点，沿津浦（今京沪线）、京汉（今京广线）、平绥（今京包线）三条铁路线向东南、西南、西北三个方向发起了侵略。中国军队以汤恩伯为南口地区前敌总指挥，刘汝明为张家口地区前敌总指挥，在这两个地区与日军展开了激烈的交锋，史称"南口—张家口战役"。

平型关大捷

南口—张家口战役后，9月13日，日军占领大同，中国守军在第二战区司令长官阎锡山的指挥下，沿内长城进行防御，在雁门关、平型关、娘子关进行布防。

平型关是山西内长城防线的重要关口，也是由晋入冀的交通要冲。中国军队在这里取得了被称作"平型关大捷"的战斗胜利，这是一次国共两党紧密携手、共同抵御外敌的成功战役，歼灭日军千余人，打破了日军"不可战胜"的神话，并且为新形势下国共合作积累了宝贵经验。

忻口战役

从大同到太原，忻口是最后的屏障，日军突破内长城防线后，直逼忻口。中日两军在忻口沿线交战，战事胶着，往往同一阵地一日内便数次易手，争夺十分激烈。在忻口南怀化的战斗中，牺牲了长城抗战以来中国军队的第一位军长郝梦龄，时年仅39岁。极其惨烈的忻口战役是为保卫太原打得十分顽强的一战，也是晋绥抗战以来国共两党军队在战术配合上最成功的一战,创下歼敌逾万的纪录。

娘子关战役

在忻口战役中受到中国军队顽强阻击的日军不得不改变进攻路线,改为侵入石家庄,再由河北经娘子关进入山西。

娘子关位于山西、河北两省交界处的平定县,关城依山傍水,有"万里长城第九关"之称,历来是兵家必争之地。在这场战斗中,日军凭借空中优势,猛烈轰炸中国阵地,守军浴血奋战,无奈武器装备劣势,阵亡将士达万人。由于兵源得不到补充,加上仓促作战指挥失当,娘子关最终失守,这直接导致忻口守军腹背受敌而被迫后撤,太原旋即失陷。

长城,这一中国人的精神象征,经过数千年的发展,在明朝达到辉煌的顶峰后陷入沉寂,又因发生在 20 世纪 30 年代的战斗再次走进人们视野。虽然长城抗战最终失败,但它还是在延缓日本军事侵略华北的进程上发挥了作用,是中国人民早期抗日斗争中重要的组成部分。

PART 04
保护长城，任重而道远

自清朝建立，长城内外耕牧和谐、各民族往来频繁，不断融合，长城这条沿用了两千年的国防体系是继续沿用，还是废弃成了一道选择题。

对此，清康熙皇帝曾做出慷慨激昂的圣断："帝王治天下自有本原，不专恃险阻。秦筑长城以来，汉唐宋亦常修理，其时岂无边患？明末我太祖统大兵长驱直入，诸路瓦解，皆莫敢当……可见守国之道，惟在修德安民，民心悦则邦本宁，而边境自固，所谓众志成城也。"只因当时国内形势向好：北元末代首领林丹汗败亡于青海，蒙古诸部落内附，两千年来北方的边患得到解除，西域瓦剌人的后裔准格尔汗国妄图攻打北京，被大清铁骑在乌兰布统杀个落花流水狼狈而去，从防御游牧部落角度来说，长城的确不需要再修了。

但更主要的是，长城这种防御建筑已经显得落伍。自从火炮发明之后，传统的城墙在炮弹的轰击下不堪一击。西洋各种威力无穷的臼炮、鹰炮、开花炮不提，就算最不入流的商船防卫炮，偶然流入明朝后也被尊为"红衣大将军""二将军"之类，号称"一炮下去，糜烂数里"。所谓的雄关要隘，在红衣大炮面前简直就成了活靶子，顷刻就被轰击倒塌。

清代以来长城的损毁

雄才大略的康熙帝做出的长城不可再修的决策，相当于为延续二千年的长城历史画上了句号。整个清朝，除了对扼守交通要道的关隘和青海等地的个别墙体段落依旧沿用外，绝大部分的长城都处于毁弃的状态。

也有部分学者认为清朝也建造过相当长度的"长城"，依据是清末围剿以骑兵为主、机动作战的捻军时，曾经修建大量墙体、堑壕工事来限制后者的行动范围，实际在，这与古代意义上的长城已相去甚远。

自此后清朝的两百多年间，长城基本处于自然坍塌的境况，蓟镇、昌镇等地由谭纶、戚继光修建的砖石长城质量较高，尚得以大致保存整体结构；宣镇外长城主要为块石单边墙，大都坍塌为碎石陇；西北诸镇裸露的夯土长城则不耐风雨，愈发失去了原本高大的形制。无人看守的墙体上草木丛生，植物遒劲有力的根系顺着砖石缝隙向内延伸，将墙体和建筑挤压破坏。

最为严重的当属人为破坏。清朝时长城虽不再修理，但沿线居民对祖祖辈辈建造、守卫的巨龙有深厚的感情，很多敌楼就是以当年守墩的军士命名的，子孙们出于敬重没有去拆卸上面的砖石自用。

但是"文革"期间，"破四旧"的风行，长城墙体上厚重的青砖条石被当地村民当成现成材料，用来修建家中院墙、猪圈，石刻匾额和名人诗碑成了村里的铺路石，很多威严雄伟的关城楼台就这样消失了。

近几十年来，公路、铁路的大量建设也成为长城的另一个灾难。长城关口大都建在交通要道上，这种防御性建筑成了车马通行的绊脚石，不得不予以拆除。

改革开放后的立法与保护

1984年,邓小平、习仲勋发出"爱我中华、修我长城"号召,在全国产生了巨大的反响。1987年,中国长城学会成立,习仲勋为第一任名誉会长,黄华为会长。1987年12月,联合国教科文组织将万里长城列入世界文化遗产名录,长城作为中华民族精神的象征从此走上了世界舞台。

1982年,第五届全国人民代表大会常务委员会第二十五次会议通过《中华人民共和国文物保护法》,使过去随意捣毁、占用文物古迹的行为得到遏制。2006年9月国务院常务会议通过《长城保护条例》,将包括长城的墙体、城堡、关隘、烽火台、敌楼等建筑都列入长城保护的一部分,明确长城保护是所在地政府职责的一部分,并从根本上解决基本建设与长城保护的矛盾。这一举改变了只有少数几个长城景区得到保护的窘境,古老残缺的长城逐渐获得新生。

三十余年的长城保护过程中,政府和人民做了很多实际的工作,付出大量心血,修复了很多摇摇欲坠,甚至被拆得一干二净的段落,其中既有成功的经验,也有不尽如人意的教训。

由于长城大多建在山上,现代化的机械很难派上用场,有时候修护长城甚至只能依靠几百年前的原始方法,将砖块绑在山羊、毛驴身上,一块一块运到山上。

总的来说,砖石长城的修复较为容易和接近原貌,如声名远扬的八达岭、慕田峪都属于成功案例。而块石和片石搭建的墙体则修复得不尽如人意,不少地方甚至明显与历史风貌相左,这主要是修复所用的原材料缺乏,现在几十人的施工队没有时间和工具去开采石块再运过来打磨,施工方对于原本需要插缝对边如拼积木般垒高的墙体缺乏材料和耐心,直接用水泥

✕ 镇北堡影视城,宁夏银川市

✕ 青山关内的民宿,河北唐山迁西县

填充到石块的缝隙间，完全与原貌相违背。著名的河防口长城，原本以未加修复、接近历史原貌著称，在修复后化作了一堵水泥墙。

方兴未艾的长城文化产业

长城的保护也离不开社会资本的参与。政府和商家看到了长城蕴藏的商机，一个提供政策支持，一个投入大笔资金，文化搭台、经济唱戏，不数年间各种长城景观、文化产业如雨后春笋般蓬勃而生："天下雄关""天下第一关""天下第一雄关""天下第一台""天下第九关"之类的景点应接不暇。

作家张贤亮将宁夏破旧的镇北堡改造成了国际闻名的影视城就是一个成功的案例。《大话西游》《东邪西毒》等多部耳熟能详的大片皆在此取景，现在每年接待游客以百万计。

不远的水洞沟也打出了从古人类到明长城的宣传旗号，还有长城地道这种国内孤本，也已成为方兴未艾的文化旅游产业。河北唐山的青山关小隐隐于野，当地将整座城池打造成了特色住宿集中营，每到假日游人络绎不绝。京东北的司马台原本路远难行，门可罗雀，京承高速通车之后也脱胎换骨成了网红景点"古北水镇"。

最为大手笔的当属大同市。市政府拆除了老城区大量私搭乱建的棚户区，重新规划街道景区，将古城墙整饬一新，恢复多处历史遗迹，让威武的九边重镇重现在人们面前，一系列的动作也使得大同成功转型，从一个煤炭起家的脏黑窝棚变成了以旅游为主要产业的整洁城市。

✕ 箭扣长城"鹰飞倒仰",北京怀柔区

除了政府和开发商，普通民众也开始认识和接近长城。21世纪以来，户外运动方兴未艾，淹没在荒漠蔓草间的野长城很快成了驴友圈的宠儿。长城以它特有的文化底蕴吸引着驴友来探寻，缜密科学的建筑、宏大峻极的气象以及一个个埋藏在史书里的名字让每一个到来的人沉醉其中。驴友们自发地对长城资料进行整理和考证，借着互联网和移动设备，将残破损毁的关隘城堡介绍给大众，让越来越多的人得以重新认识这份属于中华民族的珍贵遗产。然而，大量驴友的攀爬也给原本就已风雨飘摇的野长城造成了不同程度的损坏。

探索野长城的起源可追溯到著名的"箭扣"。

二十年前那里的确是一片世外桃源，而今"正北楼""小布达拉"的名字已不新鲜。数不清的游人踩踏后长城墙体出现了大面积损坏，很多步道已经支离破碎，著名的"鹰飞倒仰"更损毁严重。除去对长城墙体的破坏，箭扣长城的结构变化也带来了安全风险，几乎每年都有驴友因不慎踏上虚搭的砖块摔入悬崖，不幸殒命的悲剧发生。如今，还有很多户外团队不定期组织攀登野长城，动辄出动一两辆大巴车、几十号人，缺少有效的组织和合理安排的户外运动，因大量人流而对长城造成一定程度的破坏和环境污染。

2019年1月22日，文化和旅游部、国家文物局联合印发《长城保护总体规划》，阐释了长城价值和长城精神，强调了长城文化景观的特性，提出规划核心是长城价值的保护展示，明确了长城保护的重点是秦汉长城和明长城。

附录

中国长城之最

最西端的长城：罗布泊汉长城

说起长城的西端点，人们第一反应通常是甘肃的嘉峪关，其实嘉峪关只是明长城的最西端，早再西汉就已经有人把长城修到更西的地方了。

汉武帝北击匈奴之后，开始在西域修筑长城，最后一次直接从玉门关修到了罗布泊。出玉门关的西门沿着长城西行，一直可达罗布泊，即古籍中记载的"盐泽"。从玉门关到罗布泊的汉长城，年代过于久远，现在也只有在玉门关附近还遗留有墙体，更多是仅存烽燧。

最东端的长城：丹东虎山长城

长城的最东端一度被认为是位于秦皇岛的山海关。在这里，长城以石城入海告终。其实，在辽东还有长达近千公里的明代长城，直到鸭绿江畔的虎山方才结束。

清朝入主中原后，有意隐瞒辽东存在长城的事实，将长城的最东端描述为山海关写入史书。辽东作为明晚期遏制后金的主要战场，辽东长城自然也是防止建州女真南下的重要防御工程。但这对于成为中原新主的清朝来说，并不符合他们的利益，他们的"龙兴之地"怎能是明朝的地界，于是，官方一致宣称山海关为明长城之尽头。辽东长城能毁则毁，逐渐湮灭在了历史当中。直到20世纪80年代，虎山长城遗迹在丹东市文物普查中被发现，后经专家确定为长城东起点。

最北端的长城：金界壕

位于中国最北端的长城是金代修建，史书上并未将之称之为长城，而是记载为界壕、堑壕、壕堑等，并且记录甚少，具体位置走向语焉不详。女真人建立的金国崛起于白山黑水，他们灭亡了辽国，又制造了"靖康之变"，将宋朝逼迫到江南一隅，如此骁勇强悍的金朝为何也要修筑长城？是为了抵御另一同为马背上起家的可怕对手——蒙古人。

金朝所修长城东起内蒙古的呼伦贝尔盟莫力达斡尔旗尼尔基镇七家子，向西偏北方向经过13公里后转向西南，此转弯处即为中国境内最北端的长城。只可惜，金朝消耗大量人力物力修建起来的长城并没有起到什么像样的作用，当成吉思汗大军到来时，顷刻土崩瓦解。

最南端的长城：凤凰苗疆边墙

最南端的长城位于湖南湘西凤凰县，被称为"南方长城"，又称"苗疆边墙"，是明嘉靖年间开始修筑，万历、天启年间有所增添，全长200多公里，清嘉庆时又重修近百公里。

这段长城是明清时朝廷为防南方少数民族而建。苗族分为熟苗和生苗，熟苗是指已被汉化，和汉民一样纳粮出丁的苗人，而生苗是指居住在苗疆较为偏僻地区，发展较为落后但勇猛好斗的苗人。生苗劫掠式的生存方式给汉人的新建垦殖区带来破坏和威胁，明朝廷历次征苗无果，无奈之下，只得筑墙以御之。并且这道墙将生苗与熟苗分割开来，朝廷招募大量熟苗为边墙各营官军，以达到以苗制苗的目的。

最古老的长城：楚方城

大家最为熟知的长城，八达岭也好，山海关也好，都是明朝修建，迄今不过六百余年历史。而中国最古老的长城，可以被称为"长城之父"的，是春秋时期楚国所筑的楚方城。

《汉书·地理志》中记载："楚叶公邑，有长城，号曰方城。"楚方城遗迹主要分布在今河南湖北交界一带的县市。春秋时期初现的长城，与后世修建长城用以防御游牧民族的侵扰不同，主要是各诸侯国之间为互相防御而修建。

长城修建里程最长的朝代：汉代

汉初时，高祖刘邦率三十万大军亲征匈奴，却遭遇"白登之围"，汉朝对匈奴转入了战略防御态势。至武帝时，经过文景二帝的休养生息政策，汉朝已是社会稳定，国库充实，这为武帝征伐匈奴打下了坚实的物质基础。

武帝任用卫青和霍去病，多次远征塞外打击匈奴，将匈奴一直赶到数千里之外的大漠之中。汉军远渡阴山，把长城直接修到了阴山以北，并在后来陆续向西延伸，一直修到新疆境内。汉朝修建的长城总里程达一万公里，是历代之最。

海拔最高的长城：青海长城

在北京昌平西部与河北怀来交界的地方，有一处"高楼"长城，这座在长城户外圈里被广为认知的敌楼，除了曾发生过著名的"南口战役"，还以海拔1427米的高度成为了北京地区最高敌楼，比司马台的望京楼还高出400多米。不少人以为这个"高楼"就是最高的长城了，其实不然，有一段鲜为人知的长城远远高于这里，位于青海。

青海长城主要是明代的遗存，当时是为了抵御西海蒙古的侵扰而修建，主要分布在西宁市周边，主线分布在湟中、大通、互助、乐都四县，辅线分布在互助、民和、化隆、贵德四县，总长约363公里。青海长城的平均海拔已在2800米左右，其中大通县段落最高处的海拔超过4000米。

最耳熟能详的长城：八达岭长城

八达岭位于北京城西北方向延庆区境内，是军都山的一个山口，八达岭长城便雄踞于此。这里是西北通往北京的咽喉要道，地势险要，素有"北门锁钥"之称。从八达岭可俯视居庸，远眺京师，居高临下，势若高屋建瓴。古人有云"居庸之险不在关而在八达岭。"可见战略地位十分重要。

从1953年起，中国政府投入大量人力物力对长城进行保护和维修，1958年，八达岭正式成为景区向游人开放，1987年被联合国教科文组织列入世界遗产名录。1991年，八达岭长城作为中国万里长城的代表接受了联合国颁发的《世界文化遗产证书》，2002年再次作为代表，接受了吉尼斯颁发的吉尼斯世界纪录称号。迄今为止，八达岭长城已累计接待中外游客2亿人次，其中包括尼克松、里根、曼德拉、伊丽莎白二世、撒切尔夫人、小布什、普京、奥巴马、哈珀等500多位世界各国元首、政府首脑。

最标准的长城：河北样边长城

从鸭绿江畔到新疆，从春秋到明清，长城展现出了各种各样的形态，青砖高瓦，夯土泥墙，深沟壕堑，毛石干碴。但"长城"到底应该是什么样的，何为最标准的长城？还真有人给长城的样式定下了标准，并且建造了一段样板工程推广全国，这就是位于河北怀来的明代"样边长城"。

样边长城总长3公里，全部由见棱见角的规则石条砌筑而成，石条标准长60厘米，宽30厘米，厚度20～40厘米，据说由明代开国将领徐达主持建造。这段"样板"长城建造的目的就是为了标定长城的建筑规格和质量，建造完成后请负责其他段落修建的人前来参观采样，所以这段长城又被称为"样边长城"。

其实，所谓标准只是在一般情况下，长城在实际建造过程中情况各异，最实际的标准还是因地制形、就地取材、用险制塞。最大限度的利用地形和材料，最有效的阻击敌人，就是成功的长城建筑。

最险要的长城：北京司马台长城

　　司马台长城位于北京密云，始建于明洪武初年，所在之处山势极为险峻，是长城户外圈中公认的北京长城三险之首。由山下仰望山顶，司马台东段长城如一条巨龙由西向东匍匐于峭壁之上。从西侧向上攀登，抬眼望唯见一峰耸立，然而登上之后，更高一峰霍然呈现，如此往复。回头后望，也只见走过的最近一峰于脚下，更远处不得复见。随着高度攀升，视野逐渐开阔，在顶峰极目远眺，远处村庄、起伏山峦自不在话下，若天气好时，还可见京城点点灯火。"望京楼"因此得名。

　　与望京楼相邻的仙女楼，中间以一段长百余米的"天桥"相连，此"天桥"实为一段单边长城，因此处山脊窄如刀刃，长城至此只能修起一道单边墙体。古时，墙下内侧本有供守军通行巡逻的小道，但年久失修加之自然风化坍塌，如今仅剩墙体还挺立在山脊之上。

　　"天桥"蜿蜒曲折、高低错落，最窄处不足一人之宽，落差最大处超一人之高。南侧悬崖如刀劈斧削一般，令人望而生畏，北侧也是杂树丛生的陡峭山崖。此处海拔近千米（望京楼为司马台长城制高点，海拔986米），司马台最险之处便在于此。

　　中国古建筑学家、长城专家罗哲文曾评价："长城是中国的建筑之最，而司马台长城是中国的长城之最。"